Wohin?

Warum?

Wie war's?

Island
mit dem Schiff

Ute Fischer

Bernhard Siegmund

Ein Buch aus dem

Redaktionsbüro Fischer + Siegmund

In den Rödern 13
64354 Reinheim

Fotos: Fischer (19), Siegmund (17)
Cover-Bild: Iceland Pro Cruise

Das Buch wurde nach bestem Wissen zusammengestellt. Für die Richtigkeit der beschriebenen Angaben wird keine Gewähr übernommen

ISBN: 978-3-7460-3453-9

© 2018 Ute Fischer + Bernhard Siegmund
Herstellung und Verlag:
BoD - Books on Demand, Norderstedt

Wohin – warum – wie war`s?

Unsere Reise nach Island

Vorwort

Dies ist kein übliches Reise-Buch. Zwar waren wir als Reisejournalisten Jahrzehnte lang unterwegs, geübt in Reiserecherche und Reisereportagen. Doch diese Geschichte ist eine private, nicht unbedingt objektiv, sondern eher sehr subjektiv, wie man eben private Reisen empfindet. Das spiegelt sich wider in den Flops und Tops, die wir erlebten. Kurz: Wir haben uns als Reisende selbst aufs Maul geschaut, uns selbst zugehört und unsere Gefühle reflektiert, ohne Rücksicht auf irgend jemanden und irgendetwas, außer auf uns selbst.

Island ist bereits das fünfte Buch dieser Reihe. Wenn wir von Reisen heimkehren, suchen wir immer nach einer erschöpfenden Antwort auf die Frage: „Wie war`s?" Wer selbst reist, weiß, dass es darauf keine einfache, vor allem keine kurze Antwort geben kann. Klar. Schön war`s. Und aufregend. Und ganz anders, als erwartet. Das alleine wäre aber ein ärmliches Fazit und könnte nicht einmal ansatzweise beschreiben, wie unsere Island-Reise verlief. Fahren Sie doch einfach mal selbst hin!

1. Erster Tag: Reykjavik
2. Zweiter Tag: Stykkishómur
3. Dritter Tag: Isafjörður
4. Vierter Tag: Siglufjörður
9. Neunter Tag: Westmänner-Inseln
10. Zehnter Tag: Goldener Zirkel

5. Fünfter Tag: Akureyri
6. Sechster Tag: Husavik
7.+ 8. Siebter und achter Tag: Seyðisfjörður

Island mit dem Schiff

Vor zig Jahren luden wir ein junges Rucksack-Paar ein, auf unserer Bus-Gruppenkarte (bis fünf Personen) mit zum Darmstädter Bahnhof zu fahren. Sie wollten weiter zum Flughafen und dann nach Island. Schon Jahre zuvor hatten wir selbst mit Island geliebäugelt. Eigentlich, weil Bernhard ohne seine Sonnenallergie urlauben wollte. Auf der Insel sollen selbst in warmen Sommern maximal 15 Grad Celsius herrschen. Das war so in den 80er Jahren. Nun also – fast vierzig Jahre später – Island, wir kommen!

Island in Stichworten:

Mit 103.000 Quadratkilometern etwas größer als Ungarn und Portugal, kleiner als Kuba. Etwa 330.000 Einwohner. Vor Ort hören wir einen besseren Vergleich: so groß wie Bayern und Baden-Württemberg zusammen, aber nur so viel Einwohner wie Karlsruhe oder Nürnberg. Daraus lässt sich schließen, dass wenige Einwohner viel für die Infrastruktur bezahlen müssen. Beispiel: In Schweden zahlen 100 Einwohner für 20 Kilometer Straße; in Island zahlt das ein Einziger. Über hohe Steuern wird zwar gesprochen, aber nicht gejammert.

In der Hauptstadt Reykjavik wohnt ein Drittel der Bevölkerung. Die Regierung arbeitet als parlamentarische Republik. Isländisch basiert eigentlich auf Alt-Norwegisch. Das versteht heute kaum noch ein Norweger. Ein paar eigene Buchstaben wie æ = ei, ð wie stimmhaftes englisches th und þ wie ein stimmloses englisches th erschweren die Verständigung auf Isländisch. Zum Glück sprechen oder verstehen nahezu alle auch Englisch.

Die Religion ist vorwiegend protestantisch-lutherisch. 100 Isländische Kronen (ISK) sind 0,85 Euro wert. Die Uhren müssen eine Stunde (Greenwich-Zeit) zurück gestellt werden.

Landschaft

Etwa zwei Drittel der Insel sind praktisch unbewohnbar, entweder bedeckt von Gletschern und Lavafeldern oder so unruhig im Untergrund, dass es ständig rumpelt und blubbert. Wir werden am letzten Tag an der Stelle stehen, an der die amerikanische und die eurasische Erdplatte zusammenstoßen und auseinanderdriften. Der Eyjafjallajökull jedenfalls, oder besser, der Vulkan unter dem Gletscher, der uns 2010 mit seiner Aschewolke über Wochen in Atemlosigkeit hielt und immerhin 20 Minuten vorher Signale gesendet habe, dass er demnächst ausbrechen wolle, ist ein sehr kleiner Gletscher; ein Fliegenschiss im Vergleich zum gigantischen Vatnajökull. Der

Vatnajökull-Nationalpark ist der größte Nationalpark Europas. Vorab schon mal: jökull heißt Gletscher. Und davon gibt es etliche.

Vulkanismus

Die Grenze zwischen den beiden Kontinentalplatten verläuft auf Island vom äußersten Südwesten bis in den Nordosten, ein rund 50 Kilometer breiter, geologisch höchst aktiver Korridor, auf dem zahlreiche Vulkane, heiße Quellen, Auslässe und Hochtemperaturgebiete mit seismisch auffallenden Aktivitäten vorkommen. Die Bevölkerung lebt mit dem Vulkanismus in jeder Minute. Im Schnitt erfolgt alle fünf Jahre ein Vulkanausbruch. Nicht jeder kündigt sich vorher an. Speziell der größte Gletscher Europas, der Vatnajökull, liegt auf der Grenze der beiden Kontinentalplatten und bedeckt einige der aktivsten Vulkane mit einer mehrere hundert Meter dicken Eisschicht. Brennt sich die Lava durch diesen Eispanzer, kommt es zusätzlich zu dramatischen Gletscherverschiebungen.

Auf Island trifft man auf alle definierten Vulkantypen. Sie unterscheiden sich durch die Art der Magmazufuhr. Bei Spaltenvulkanen, wie etwa auf den Westmännerinseln, reißen Kilometer lange Spalten auf, aus denen die Lava quillt. Zentralvulkane haben meist einen perfekt geformten Kegel. Schildvulkane weisen eher flache Hänge auf. Dann gibt es noch sogenannte Pseudokrater, die keinen Schlot besitzen, sondern durch Lavaströme entstanden, die über feuchten Untergrund oder in flache Seen flossen. Durch die Hitze verdampfte das Wasser und sprengte die darüber liegende Lava weg.

Reisen im Land

Viele Island-Besucher mieten sich vor Ort ein Auto und „reiten" damit die sogenannte Ringstraße ab. Etwa 1.200 Kilometer lang umrundet sie das Eiland, allerdings ohne Abstecher in die vielen attraktiven Fjorde. Jedoch mit diesen Extratouren und Inlandszielen werden daraus dann leicht 3.000 und mehr Kilometer. Allein für das Abfahren aller Finger der Westfjorde läppern sich rund 600 Kilometer zusammen. Die meisten Urlauber konzentrieren sich jedoch nur auf den verkehrstechnisch gut erschlossenen Südwesten um die Hauptstadt Reykjavik. Das liegt an der Infrastruktur. Um wirklich alle interessanten Ziele abfahren zu können, benötigt man geländegängige und dadurch teurere Allradfahrzeuge. Den Straßen zu Touristenzielen im Nordwesten, Norden und Osten mangelt es an der nötigen Sicherheit. Ganz besonders im Winter, wenn auch die Isländer manchmal über Monate durch Eis und

Schnee von Supermärkten und Arztpraxen abgeschnitten sind, weil die Räumfahrzeuge zu selten fahren.

Ächzen über Tourismus

Der Tourismus sei für Island nach der schweren Finanz- und Bankenkrise ein „Lebensretter" gewesen, sagt die Direktorin des isländischen Tourismusindustrieverbandes, Helga Árnadóttir 2017. (Quelle: DPA). Das sei für den zweitwichtigsten Wirtschaftszweig auch eine große Gefahr der Abhängigkeit. 2,3 Millionen Besucher waren 2017 auf der Vulkaninsel, 30 Prozent mehr als im Vorjahr. Besonders in den Sommermonaten sei jeder fünfte Mensch ein Tourist. Speziell im September zählte das Statistikamt 378.300 Übernachtungen.

Die meisten Isländer stünden dem Tourismus immer noch positiv gegenüber. Viele Bauern hätten damit ein wichtiges zweites Standbein gefunden. Auch habe sich die Lebensqualität der Isländer bereichert, in dem es nun überall im Land Restaurants gebe, wo früher nur Hotdog-Buden standen. Dazu gehören aber auch Diskussionen über fehlende öffentliche Toiletten. Urlauber setzen sich überall in die Landschaft, um ihre Notdurft zu verrichten.

Reisen auf dem Wasser

Für einen ersten Blick auf Land und Leute wollten wir es bequemer haben. Auch unser Zeitkontingent lag bei maximal zehn Tagen. Die passende Idee fanden wir in der Frankfurter Allgemeinen Sonntagszeitung: Schiffsreise ab Reykjavik rund um Island mit täglichen Ausflügen und gemütlicher nächtlicher Weiterfahrt im Bett zum nächsten Ziel am Morgen nach dem Frühstück.

Anreise

Als Ökofreaks wären wir selbstverständlich mit dem Bus nach Darmstadt gefahren, wo der Airliner als Shuttle alle 30 Minuten zum Flughafen rauscht. Doch auf der Rückfahrt hätten wir mit längeren Wartezeiten rechnen müssen; denn sonntags verkehren die Busse nur im Abstand von zwei Stunden in unsere Heimatrichtung. Also kaufen wir uns ein Zwei-Wochen-Ticket im Parkhaus am Bahnhof. Das kostet ungefähr so viel wie zwei Bustransfers und eine Taxifahrt, verspricht aber bequemere An- und Heimreise.

Am Gate nach Reykjavik sitzen ein paar Exemplare, wie wir sie bei der Europa-Fußball-meisterschaft in Fernsehen sahen: knorrige Kerle, die als Gewinner der Herzen anfangs alle an die Wand spielten und mit ihrem Wikinger-Ruf „Huh" Angst und Schrecken verbreiteten. Bei Redaktionsschluss hatten sie sich gerade für die Weltmeisterschaft 2018 in Russland qualifiziert. Die hier sehen weniger sportlich aus mit üppigen Bäuchen über den Hosengürtel, buschigen Wikinger-Bärten und übertrainierten Oberarmen, als kämen sie vom Holzfäller-Wettbewerb.

Der Flieger der Icelandair lässt uns eine Stunde auf der Startbahn warten. Schön, dass wir – auch mit ungleichem Familiennamen – nebeneinander gebucht sind. Der Flug dauert drei Stunden 35 Minuten nach Keflavik, Islands Flughafen, der außerhalb von Reykjavik liegt. Zu Essen gibt es Tapas gegen Bezahlung. Wir sind noch satt. Ein Glas Wein acht Euro. Naja. Wir werden abgeholt wie eine weitere Gruppe aus Deutschland. Der Transfer nach Reykjavik und zur Pier Midbakki dauert etwa 45 Minuten.

Reykjavik

Zwar erklärt der Busfahrer ein wenig, woran wir rechts und links vorbei fahren; aber das kann man kaum aufnehmen. Freilich das berühmte Konzerthaus Harpa mit seiner Fassade aus 956 Glasbausteinen, die wie ein drohendes Gespenst aussehende 75 Meter hohe Halgrimskirkja; das Haus, in dem Gorbatschow und andere Staatsgäste übernachtet haben. Wir hoffen auf mehr Zeit, wenn wir von der Inselumrundung zurückkehren und noch einen Tag dranhängen. Ach ja: Reykjavik heißt auf Deutsch: Rauchende Bucht. Die ersten Siedler hätten hier heißen Dampf aus Quellen aufsteigen gesehen.

Das Schiff

Da liegt sie also vor uns, die Ocean Diamond in Weiß-Blau. 124 Meter lang, 16 Meter breit, sieben Decks, 196 Mann Besatzung, 107 Kabinen für maximal 199 Gäste. Alles Außenkabinen, wobei die preiswerteste Ausführung allerdings nur über Bullaugen verfügt. Bordsprache ist Deutsch und Englisch; bezahlt wird in US-Dollar. Die portugiesische Bord-Ärztin, Esperanza Zuniga, spricht deutsch. Gottseidank benötigten ihre Dienste nicht.

Der kostenlose Internet-Empfang, hängt von der Verbindung zu den Sendemasten an Land ab, steht also auf offener See nicht immer zur Verfügung. Auf dem Schiff liegen die Wi-Fi-Hotspots, also die WLAN-Empfangszonen, im Salon unter der Main-Lounge und auf dem Explorer-Deck ganz oben auf Deck sieben.

Die legere Kleiderordnung – sportlich-elegante Garderobe – wird, insbesondere bei den ame-

rikanischen Gästen, oft sehr eigenwillig inter-
pretiert. Selbst beim Kapitänsempfang und am
Abschiedsabend regt sich darüber keiner auf.
Es ist schließlich ein Expeditionsschiff und
deshalb durften wir die Abendgarderobe zuhause lassen.

Als Ausweis an Bord dient die sogenannte
Cruise Card, mit der wir uns beim Verlassen
des Schiffs und bei der Rückkehr identifizieren

müssen. Tatsächlich steht immer ein Mann-
schaftsmitglied an dem Scannergerät (Ding-
Dong) und gleicht uns mit dem gespeicherten
Passkonterfei ab. Beruhigend. Im Verlauf der
Reise entstand wirklich die Situation, dass vor
Abfahrt damit noch nicht zurück gekehrte
Gäste identifiziert werden konnten. Das Schiff
wartete.

Schon zuhause registrierten wir wohlwollend

in unseren Reiseunterlagen, dass der Veranstalter uns von Decke 3 auf Deck 5 „upgegradet" hat. Offensichtlich ist das Schiff wohl nicht ganz voll geworden.

Crew- und Expeditions-Mitglieder, die uns die nächsten Tage betreuen, begrüßen uns auf Deck 4 mit Häppchen und einem Drink. Der deutsche Hoteldirektor Thomas Pfennings, ein gut aussehender smarter End-Vierziger, könnte einer der Darsteller vom Traumschiff sein. Auf dem einstigen Traumschiff, der Deutschland, saßen wir sogar mit dem Reeder Peter Deilmann am gleichen Tisch. Freilich ist alles hier ein bisschen kleiner und bescheidener, weniger Messing und weniger Mahagoni. Obwohl wir auch hier unablässig Messing putzenden Mitarbeitern begegnen. Der für uns zuständige Steward Rai begleitet uns zur Kabine 503.

Sie ist mit 19 Quadratmetern geräumig und gemütlich. Ein Doppelbett mit großen Panoramafenstern darüber, deren Sicht jedoch durch Rettungsboote ein wenig eingeschränkt ist. Zwei Nachttischchen mit Schubladen, ein Sessel, ein bequemer Stuhl, ein Sideboard mit abschließbarer Schublade und Kühlschrank, ausreichend Schrankplatz und ein Duschbad mit Toilette. Dass auf dem Flachbildschirm immer die gleichen amerikanischen Horrorfilme laufen, merken wir nach ein paar Tagen. Man kann sich in der Bibliothek aber beliebig viele DVD von Loriot bis Sissi ausleihen. Kostenlos. Nachrichten also nur vom Tablett, im Aussichtssalon des siebten Decks. Die Klimaanlage müssen wir gleich einschalten, weil die Ocean Diamond wohl lange in der Sonne stand.

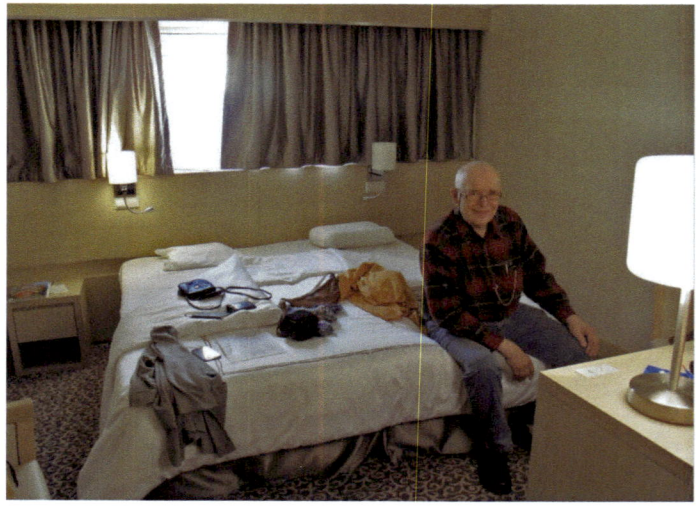

Unsere Koffer fehlen noch. Wir reklamieren und werden vertröstet. Diese Spielchen machen wir dreimal mit. Als wir entnervt durch das ganze Schiff zur Treppe gehen, finden wir unsere Koffer allein auf weiter Flur. Weit und breit niemand, an dem wir unsern Frust abarbeiten können. Also schleppen wir unser Gepäck selbst zu unserer Kabine. Jetzt dauert es, bis wir die Freundlichkeit der Crew akzeptieren.

Notfallübung

Dann ertönt die Stimme des Käpt'n über den Kabinenlautsprecher: Hans Söderholm, ein Skandinavier mit sehr guten Deutschkenntnissen. Ein siebenfaches akustisches Signal sei die Ankündigung für eine Notfallübung und wir hätten uns mit nicht angezogener Schwimmweste (liegt auf dem Schrank) in der Main Lounge einzufinden. Unverzüglich! Tatsächlich ertönt das Signal um 18.45 Uhr mit Ansage auf Deutsch und Englisch. Also schnappen wir uns die roten Westen

und machen uns auf den kurzen Weg, denn die Main Lounge – der Hauptsalon – liegt auf unserem Deck. Dort sortiert man uns nach Kabinennummern: ungerade links, gerade rechts. Das wäre im Notfall die Aufteilung für die beiden Lifeboats, wie die Rettungsboote für je 150 Personen heißen. Drei verschiedene Modelle von Schwimmwesten irritieren, weil wir sie nun nach den unterschiedlichen Anweisungen anlegen. Sieht aus, wie ein bisschen zusammen gestöpselt. So drängeln wir uns also an der Reling. Ob die Lifeboats wirklich funktionieren und im Ernstfall mit ihrem Kran zu Wasser geführt werden können, wird nicht vorgeführt. Darüber diskutieren wohl nur wir. Aber wie heißt es: Vor Gericht und auf hoher See sind wir allein in der Hand Gottes. Amen.

Erstes Abendessen

Die Expeditions-Crew

Expeditionsleiter Hermann Gudmundsson, gebürtiger Isländer, ein vielleicht 35 Jahre alter blonder Recke mit passablen Deutschkenntnissen, hat als Kind mal zwei Jahre mit seiner Familie in Nordrhein-Westfalen gewohnt. Dass er vor nicht langer Zeit Handballprofi war, sieht man seinem athletischen Körperbau noch an. Seine Hauptansprache ist Englisch für die Amerikaner und Kanadier an Bord. Fürs Deutsche kommt Jens Ruminy zu Wort. Bei dem Knapp-Fünfziger klingt der Geburtsort München noch ziemlich unverfälscht durch. Er lebt seit 2000 mit seiner isländischen Frau und zwei Kindern in Reykjavik. Wie wir nachträglich erfahren, ist der Diplom-Politologe mit Chemiestudium ein gutes Beispiel für die meisten Isländer, er hat nämlich mehrere Jobs.

Jens arbeitet als Diplom-Übersetzer und zertifizierter Reiseleiter für Deutsch, Englisch und Französisch. Er wird uns als Tourguide und Zodiac-Fahrer während unserer Ausflüge führen.

Jens sieht neben Orvar Mar aus wie ein kleiner Junge. Das liegt aber an Orvar, dem etwas breit geratenen, gebürtigen Isländer. Es geniert ihn nicht, seinen Bauch stolz vor sich herzutragen. Orvar hat Musik und darstellende Kunst in Wien studiert und ist ausgebildeter Opernsänger; das hört man an seiner weittragenden voluminösen Stimme und später an mehrfachen Geburtstagsliedern für Gäste. Aus Wien stammen auch passable Deutschkenntnisse. Er arbeitet seit 2007 als Reiseleiter und leitet als Vorsitzender die Reiseführervereinigung Islands. Mit zum singenden Team gehört die Isländerin Ásgeirsdóttir Arndis Halla. In der Rolle als Königin der Nacht in Mozarts Zauberflöte machte sie sich international einen Namen. Ab 2004 trat sie als Hauptsängerin der größten Familiy-Entertainment Show Europas „Appassionata" auf. Bis 2012 sang sie hier live vor über fünf Millionen Zuschauern. Mit ihrer klanghellen Stimme verspricht sie uns die Jahrhunderte alten Geschichten über Elfen und Trolle aus Island nahezu bringen. Sie und Orvar sind auch als Abendprogramm eingeplant.

Fünfter im Bunde ist Trausti Valsson, emeritierter Professor für Architektur. Die 71 Jahre sieht ihm keiner an. Er habe zwar in Berkeley promoviert und 27 Jahre als Professor für Planung an der Universität Island gelehrt. Aber von seinem Studium an der TU Berlin ist zumindest sprachlich nicht viel übrig geblieben. Trotzdem bemühen wir uns, ihn zu verstehen. Der Autor von immerhin 14 Büchern war für den nordischen Umweltpreis 2001 nominiert und bedient in dieser Woche das Spezialthema „Global Warming". Weil wir seinen Namen nicht verstehen – er spricht sich irgendwie wie Trusti - nennen wir ihn auf der ganzen Reise nur den „Professor".

Nicht vergessen dürfen wir Ingimar Pálsson, auch ein gebürtiger Isländer. Sein über 70 Jahre dauerndes Leben lang hat er sich der Musik verschrieben. Er studierte Psychologie und Theologie, war Schuldirektor einer Musikschule, Organist und Chordirigent und aktives Mitglied einer Hilfsorganisation in Afrika. Während dessen spielte er immer wieder in Kirchen und Luxushotels. Uns verwöhnt er auf dieser Reise am Flügel mit seinem unerschöpflichen Repertoire internationaler Songs und Operettenmelodien. Wir begreifen, dass die ganze Crew nicht einfach aus Dienstleistern besteht, sondern aus Persönlichkeiten mit reichhaltigem, beeindruckendem Hintergrund. Sehr bald erkennen wir sie als Botschafter von Island, die uns als wirkliche Gäste herzlich begleiten.

Weiter stellen sich namentlich vor: Friederike für weitere Ausflugsbuchungen. Es soll ja noch Spontanentscheider geben. Wir haben alle Landausflüge schon zuhause festgelegt und bestellt. Mareike sitzt am Frontdesk, Helga an der Rezeption. Alle drei hübsche, hilfsbereite Mädels, die versuchen, uns Wünsche von den Augen abzulesen, bevor wir sie ausgesprochen haben.

Briefing Halbinsel Snaefellsness

Die morgige Tour wird vorgestellt. Unser Schiff wird über Nacht in nordwestliche Richtung nach Stykkisholmur fahren, von wo wir eine Bustour um die Halbinsel Snaefellsness gebucht haben. 90 Euro pro Person. Da wir zum Mittagessen noch unterwegs sein werden, stehen für uns auf Deck 4 am Morgen Lunchboxen bereit.

Dazu kommen noch ein paar Informationen für das Bordleben, dass wir zum Beispiel das Wasser aus den Wasserhähnen der Kabine zum Trinken besser meiden, stattdessen unbegrenzt gekühltes Wasser an mehreren Zapfstellen des Schiffes bunkern können. Trinkflaschen stehen auf unserer Kabine bereit. Nach ein bisschen Herumprobieren – ein freundlicher Herr zeigt mir, wie es geht - habe ich den Bogen raus und fülle unsere beiden Flaschen. Ich hatte vorher einfach auf falsche Knöpfe gedrückt.

Unsere erste Nacht an Bord

Während des Abendessens hat Ray das breite Doppelbett für die Nacht vorbereitet, das heißt: die Tagesdecke abgeräumt, so dass wir nur noch unter die Zudecke schlüpfen müssen. Nicht gelungen ist ihm, für mich ein kleines Kinderkissen zu besorgen. Ich behelfe mich wie sonst immer in Hotels mit Riesenkissen mit einem zusammengerollten Dusch-Frottier-tuch.

Weil das Fernsehen nichts Interessantes bietet, entschließen wir uns zum frühen Schlafenge-hen. Die Helligkeit draußen täuscht über die Tageszeit. Klar, wir sind viel nördlicher und ob es nachts überhaupt dunkel wird, wissen wir nicht. Wir ziehen also die dichten Vorhänge zu. Draußen zieht der bewegte Nordatlantik an uns vorbei. Und wir wiegen uns sanft in seinen Wel-lenbergen, während die Ocean Diamond ihren Kurs um die Halbinsel Snæfellsnes nimmt.

Noch drei Stunden, bis das Handy wecken wird. Ich habe noch immer diese wundersame Melodie aus Vogelgezwitscher und plätscherndem Wasserlauf eingestellt, die mich an das Aufwachen auf der Azoreninsel Pico erinnert. Gegen Morgen wird es dann doch etwas unruhig. Ein Gefühl, als würden wir auf einem Wasserbett liegen, das jemand hin und her schubst. Meine abgelegten Ohrstecker kullern im Gelenkband der ebenfalls abgelegten Armbanduhr. Beim Munterwerden liegt das Schiff schon fest vertäut im Hafen.

2. Tag, Freitag 26.05.2017

Erstes Frühstück. Phänomenal. Alles, was das Herz begehrt und zwar für Amerikaner und für Europäer: Bratkartoffeln, Würstchen, Rührei, gebackene Bohnen, Käseplatte, Schinken in allen Variationen, Wurst, Blackpudding, Ananas, Melone, eingeweichte Zwetschgen, Quark, Müslikomponenten, süße Teilchen, Kuchen, Brot und Brötchenvariationen, Säfte und natürlich eingelegter Hering und Fischpastete. Die warmen Bestandteile wechseln täglich. Es gibt auch mal French-Toast, gebratene Champignons, Spiegeleier, Bacon. Das Kellner-Personal bedient flink mit Kaffee und Tee. Kaum hat man das Besteck weggelegt, verschwindet der Teller, damit man sich einen neuen beladen kann. Der Servicechef, ein Portugiese mit hervorragenden Englischkenntnissen, glänzt auch gerne mit den wichtigsten Brocken Deutsch. Die Kellnerriege besteht –

bis auf drei indonesisch ausschauende Mädels - fast durchgängig aus Männern aller Nationen. Es macht Spaß. Man fühlt sich rundum verwöhnt.

Nach dem Frühstück lädt uns Fahrer Oskar in seinen Bus. Als Reiseleiterin begrüßt uns Arndis, die Sängerin, eine immer lächelnde Frohnatur mit lange wallenden schwarzen Haaren. Da sich alle Isländer duzen, müssen wir auch nur die Vornamen auswendig lernen.

Die Halbinsel Snæfellsnes – deutsch Schneeberge – ragt auf eine Länge von 90 Kilometern wie eine verschrumpelte Nase in den Atlantik; unter ihr die Faxaflói, Islands größte Bucht mit einer Breite von 120 Kilometern, in der Reykjavik liegt. Walwatching verspricht hier reiche Foto-Beute. Über der Halbinsel liegt der Breiðafjörður, ein 50 km breiter Fjord, in dem rund 3.000 Inselchen liegen. Das Wort Fjord oder Fjörður wird im Isländischen sehr kurz gesprochen, wie „Fjodr". Wir beginnen zu üben. Auf der Mitte des „Nasenrückens" liegt das ehemalige Fischer- und Handelszentrum der Region: Stykkisholmur. Sein durch die Insel Súgandisey geschützter Hafen war schon im 16. Jahrhundert ein Handelsplatz.

Stykkisholmur

Das historische Stadtzentrum des mit etwa

1100 Einwohnern größten Ortes auf Snæfellsnes gilt als das besterhaltene Islands. Besonders
stolz sind die Bewohner auf das „Norwegische
Haus". Ganz in Schwarz präsentiert sich das äl-
teste zweistöckige Haus Islands aus dem Jahre
1842. Auf Island begann hier 1845 die regelmäßige Wetterbeobachtung. Die markante weiße Kirche in der Form eines brütenden Huhns
wurde erst 1990 erbaut. Eine „Vinbude" erinnert uns daran, dass Alkohol, wie in allen skandinavischen Ländern, schwer zu beschaffen ist.
Nicht jedes Restaurant verfügt über eine Son-
dererlaubnis. Aber das kennen wir schon aus
Skandinavischen Ländern und New York.

Rundfahrt über die Halbinsel Snæfellsnes

Ja, sie ist braun wie die Lava, die die Insel er-
schuf. Grüne Moos-Polster, die als erste
Schicht die vielen Lavafelder bedecken, betre-
ten die Isländer möglichst nicht, weil sich daraus Erde bilden kann Aber bis es soweit ist,
müssen 100 Jahre vergehen. Die Natur denkt
hier in anderen Dimensionen. In der Ferne sehen wir schneebedeckte Berghänge, vor uns
den Berg Helgafell. Angeblich gibt es hier Zau-
bersteine, auch einen Gebärstein, den Frauen
aufsuchen, wenn ihr Baby zu lange für die Ge-
burt braucht. Und ein bestimmter Stein mache
sogar unsichtbar. Arndis flüstert uns diese Informationen fast zu, als erwarte sie eine Strafe,

weil sie uns diese Geheimnisse verrät. Wir kommen auf „Islamoos", das bei uns als Mittel gegen Husten verkauft wird. Natürlich stammt diese Heilpflanze vom Island-Moos

Parole Stinkender Haifisch

Arndis erzählt vom Grönland-Hai, der bis zu sieben Meter lang werden könne. Seit dem 14. Jahrhundert bis in die 1950er Jahre habe man daraus hauptsächlich Lebertran gewonnen und verkauft. Die Hauptkunden saßen übrigens in Hamburg und in Kopenhagen. Aus der Hai-Haut wurde Sandpapier gefertigt. Wir begreifen, dass diese Ankündigung die Ouvertüre für einen bestimmten Stopp ist. Bjarnarhöfn. Auf diesem Bauernhof, einem sogenannten Haifischhof, beherrscht Hildibrandur Bjarnason die Kunst oder besser Passion der Haifleisch-Konservierung, die es seit über 400 Jahren gibt. Haifisch ist an sich giftig, weil sich seine Nieren um den ganzen Körper verteilen. Früher wurde er zur Entgiftung in der Erde vergraben. Bjarnason legt ihn sechs Wochen in Holzkisten, wo er fermentiert. Dann wird er zum Trockenen aufgehängt in einer Scheune mit Durchzugluft. Trotzdem stinkt er erbärmlich. Wir dürfen diesen Schuppen besichtigen, in dem oberschenkel dicke Tranchen wie Schinken in mehreren Etagen baumeln; von außen dunkelgoldbraun. Aufgeschnitten ist das

Fleisch innen weiß wie Speck. Und wir erhalten Kostproben angeboten, von denen nicht jeder nimmt. Die kleinen weißen Würfelchen

sehen harmlos aus, schmecken aber sehr streng. Der Starkoch Vincent Klink habe den Geschmack mit „Romadur im Endstadium mit einem Schuss Pferde-Urin" beschrieben, zitiert ihn der Dumont-Reiseführer.

Zu den Berserkern

Wir besteigen den Bus und fahren nun durch ein Lavafeld, das zum Vulkansystem des Ljósufjöll gehört, einem Berg, den wir aber kaum ausmachen können. Der Name Berserkjahraun stammt aus einer der vielen mittelalterlichen Island-Sagas. Zwei rauflustige schwedische Brüder, die weder Tod noch Teufel scheuten - sogenannte Berserker - arbeiteten hier für den Wikinger Vermóður und benahmen sich wie die Axt im Walde, so dass er die beiden seinem

Bruder Víga-Styrr verdingte. Einer von ihnen, Halli, wollte nun gar die Tochter des Herrn heiraten. Aus Angst vor dem wilden Gesellen dachte der sich eine List aus. Seine Bedingung war, dass die beiden Brüder einen Weg durch die Lava zum Bjarnarhöfn bauen sollten; dann würde er Halli die Tochter zur Frau geben. Und die beiden Berserker schafften tatsächlich, was niemand für möglich gehalten hatte. Víga-Styrr aber brach sein Wort und ließ die beiden töten und im Lavafeld vergraben. Den Weg kann man heute noch erkennen. Angeblich habe man sogar ein Grab mit Gebeinen von zwei Männern gefunden, erzählt Arndis.

Unser Berserker in Darmstadt

Die übermannshohe Bronzeskulptur des Berliner Bildhauers Waldemar Grzimek (1918 – 1984) gilt als krummbuckeliger Schutzpatron des Darmstädter Marktplatzes. Ihre Ausdruckskraft eines haarlosen und muskulösen Kerls zeigt geballte Entschlossenheit, Unbeirrbarkeit und fehlendes Schmerzempfinden. Ich bin mir ziemlich sicher, dass Grzimek entweder hier in Bjarnarhöfn war oder die Island Sagas gelesen und verinnerlicht haben muss.

Der Bus fährt auf schmaler Straße am Wasser entlang, dem Kolgrafafjörður. Der kleine Fjord erlangte traurige Berühmtheit. Immer wieder, letztmals 2013, schwammen Tausende von Tonnen Heringe hinein und verendeten. Niemand weiß, was da passierte. Die Masse der toten Fische war so unbe-

greiflich groß, dass die Kinder schulfrei bekamen, um beim Wegräumen zu helfen. Wir durchfahren Grundarfjörður am Fuß des 436 Meter hohen Bergs Kirkjufjell. Der Name charakterisiert seine Kirchenform. Manche nennen ihn auch „Zuckerspitze". Wegen seiner einzigartigen Entstehungsgeschichte gehört er zu den bekanntesten Bergen Islands. Der untere Teil des Berges entstand vermutlich während der letzten Kälteepoche der Eiszeit, vor mehr als einer Million Jahren. Er besteht aus Sedimentgestein, das Fossilien aus Kälte- und Wärmeepochen enthält. Der obere Teil sind verschiedene Lavaschichten, die sich durch Vulkanausbrüche unter dem Eiszeitgletscher nach oben würgten.

Bei der Weiterfahrt erobern Eiderenten unsere Aufmerksamkeit. Schwarz-weiß-gefiedert sind die Männchen und mit rund 60 Zentimeter Höhe ziemlich groß. Die Weibchen sind etwas kleiner und tragen ein bräunliches Federkleid, eher wie eine gewöhnliche Ente. Die Bauern auf Island locken Sie mit ausgepolsterten Autoreifen zum Eierlegen und Brüten. In Deutschland bürgerte sich der Name durch den Daunenhandel ein. Eiderdaunen gehören zu den weichsten Daunen überhaupt.

Diese Trollfrauen

Wir öffnen unsere Lunchtüte. An Bord konnten wir bei den Sandwiches wählen zwischen

Thunfisch, Schinken und Käse und Vegetarisch. Dazu gibt es Roxane-Wasser aus dem kalifornischen Sausolito, einen Apfel, Kekse und ein Stück Bleichsellerie zum Knabbern. Zum Imbiss erzählt uns Arndis die Geschichte von den Trollfrauen. Sie wollten die zerklüfteten Westfjorde abtragen, die wie eine Hand mit fünf Fingern in den Nordatlantik ragen. Dabei waren Sie so angestrengt und geschäftig, dass sie ihre vollen Schaufeln einfach hinter sich entleerten und die Zeit vergaßen. Als plötzlich die Sonne aufging erstarrten die lichtscheuen Gestalten zu Stein. Bei den ungefähr 3000 Inselchen im Breiðafjörður, handelt es sich also um versteinerte Trollmädchen. Ach ja, eine isländische Weisheit lautet: „Eine gute Geschichte darf sich nicht von der Wahrheit stören lassen."

Wir erreichen Olafsvik. Auch hier sorgten ehemals reichhaltige Fischgründe für Arbeit und Wohlstand. Noch heute leben hier etwa 1000 Menschen vom Fischfang und ein wenig vom Tourismus. Stolz zeigen sie ihr Pakkhús aus dem Jahr 1844, ein ehemaliges Lagerhaus, das heute die Touristinformation und ein maritimes Museum beherbergt.

Schon mehrfach versuchten wir herauszufinden, ob uns die Autokennzeichen den Ort des Halters verraten. Vergebene Liebesmühe. Darauf ist nur zu erkennen, wann der nächste TÜV fällig ist. Alles andere interessiert auf Island nicht.

Rif hat heute etwa 140 Einwohner und war um 1700 das größte Fischerdorf auf Island. Die Fischer konservierten als erste ihren Fisch mit Salz. Mit merkwürdigen, bunten Streifen auf der Fahrbahndecke wird getestet, welche Farbe Vögel am besten vom Nisten abhält. Offensichtlich gibt es mit den Vogelnestern Probleme. Ein alter Rundfunkmast stammt noch von den Amerikanern.

Nationalpark Snæfellsnes

Er umgrenzt das Gebiet von ungefähr 160 Quadratkilometer um den noch immer aktiven Snæfellsjökull, letztmals vor 1800 ausgebrochen. Aber unter dem nur etwa 30 Meter dicken Gletscher rumort es noch immer. Er schmilzt pro Jahr um 1,5 Meter. Sein Verschwinden ist in den nächsten 100 Jahren vorprogrammiert. Bei guter Sicht kann man den 1446 hohen Vulkankegel sogar vom 100 Kilometer entfernten Reykjavik sehen. Wir machen einen Stopp in einem Krater, in den wir mit dem Bus hineinfahren wie in eine Arena mit erhöhten Rängen.

Beim Ort Malarrif – südlichster Punkt der Halbinsel mit einem Leuchtturm - stehen bizarre Basalttürme am Strand. Auf den markanten Felszinnen brüten viele Seevögel. Na klar, es ist Mai. Die Landschaft ähnelt hier einem Streuselkuchen. Die ehemals blubbernden Magmaquellen trockneten zu Lavaspitzen und werden nun ganz langsam, lückenhaft von Moos überdeckt.

Die Küste von Anarstapi

Die Küste lädt zum Spaziergang ein. Wind und Meer formten hier bizarre zerklüftete Gebilde aus Lava und Tuffstein, Zacken, Höhlen, Meeresbrücken. Die Sonne verwandelt diese unwirklichen Gebilde in eine geheimnisvolle Wunderwelt, als würden hier Drachen hausen und manchmal vor Wut an ihrem Zuhause knabbern. Drei-Zehen-Möwen umsorgen ihre Kinderstube. An einer Stelle bildete Lava Strukturen wie horizontal gestapelte Baumstämme. Wir kraxeln durch die Klippen und

erhalten eigenartige Felslöcher gezeigt. Sie stehen in Verbindung zur See. Wenn aus ihnen druckvoll Wasser spritzte, wussten die Fischer, dass es zu gefährlich sei, aufs Meer zu fahren.

Arndis hatte uns vorgewarnt. Wir würden dem Riesen Bárður Snæfellsás begegnen. Gemeint

ist eine, ungefähr zehn Meter hoch, aus Steinen geschichtete Figur, geformt von Ragnar Kjaransson, einer der bekannten Bildhauer Islands.

Bárður Snæfellsás

Den Schutzpatron der Halbinsel umhüllt, wie so vieles in Island, eine im Mittelalter niedergeschriebene Sage. Seine Mutter sei eine der schönsten Frauen, sein Vater ein Troll gewesen, die im Dovrefjell in Norwegen lebten. Er und sein Bruder flüchteten vor der Tyrannei König Haralds nach Island, wo es alsbald zu Streitereien mit den Söhnen seines Bruders kam. Dabei soll er so ausgerastet sein, dass er alles hinwarf und im Gletscher verschwand. Angeblich habe er sich dort mit Trollen verbündet, eine riesige Höhle gebaut und die Einheimischen beschützt. Es gibt Gemälde, auf denen er mit einer grauen Mütze, die von einem Walross-Seil zusammengehalten wird, die Gletscher durchwandert.

Eben noch bei herrlichstem Sonnenschein fotografiert, zieht nun eisiger Wind auf. Ich bin froh, dass ich meine warme Wollmütze aus Patagonien dabei habe und Handschuhe. Im Mai. Das ist Island. Wir wollten es so. Während der Bus die Richtung zurück nach Stykkisholmur einschlägt, verfinstert sich der Himmel vollends und schickt prasselnden Regen. Wie aus Gießkannen drischt er auf den Bus, so dass wir im Dauerlauf die Gangway hinaufrennen. Geschafft. 15.30 Uhr. Ding-Dong, wir sind wieder an Bord.

Beide machen wir einen kleinen Mittagsschlaf. Die Restweinflasche vom Vorabend ist nicht entsorgt. Glaubt Rai, dass wir die mit nach Hause nehmen wollen? Im Fernsehen läuft der gleiche amerikanische Horrorfilm wie gestern Abend. Aha, ein Videofilm mit Dauerschleife. Wir ziehen uns um und gehen in die Club Lounge, die über eine Wendeltreppe in der Bibliothek neben der Main Lounge zu erreichen ist. Pianomusik empfängt uns. Ingimar Pálsson sitzt völlig unaufgeregt an den Tasten und plätschert eine Melodie nach der anderen, angenehm, nicht aufdringlich, neutral und fehlerlos wie ein Radio. Jeden Tag von 16.00 bis 17.00 Uhr gibt es hier Tee und Kaffee, dazu dicke Mürbeteigkekse mit Kokosraspeln. Wer früh genug kommt, findet auch kleine Tortenstückchen, manchmal kleine belegte Schnittchen. Kekse aus einem großen dicken Bonbonglas gibt es immer, auch nach 17.00 Uhr. In den Sesseln und Polsterbänken sitzen überwiegend Menschen mit ihren Smartphones und Tabletts. Hier gibt es Wifi-Empfang. Das eine oder andere Glas Wein wird serviert. Einige spielen Karten und Scrabble.

Bernhard hat auf seinem Smartphone die Karte von Island heruntergeladen und kann mir ab sofort immer zeigen, auf welchem Punkt wir uns befinden. Irgendwie scheinen die Straßen noch zu fehlen, bis wir realisieren, dass es auf Island, außer der viel benützten Ringstraße, nicht viele Straßen gibt. Um 18.30 Uhr ist Briefing in der Main Lounge über die morgigen Landausflüge: Die von uns gebuchte Bustour führt von unserem nächsten Hafen Isafjörður zum Wasserfall Dynjandi. Wieder wird eine Lunchtüte für uns bereit stehen. Abfahrt 8.30 Uhr.

Während unser Schiff Kurs auf den nördlichsten Finger der Westfjorde nimmt, machen wir es uns im Restaurant bequem. Dieses Mal treffen wir auf eine Großfamilie aus North Carolina. Wir wechseln die üblichen höflichen Worte. Im Gegensatz zu unseren Tischnachbarn können wir uns in deren Sprache verständigen, was die – wie alle Amerikaner – phantastic finden und unsere nicht perfekten Englischkünste so hochloben, dass es schon peinlich ist. Die Servietten sind heute so feucht, dass es mir durch die Hose bis auf die nackten Beine zieht. Auf der Speisekarte stehen Wedges of Icebergsalat, Blumenkohlsuppe, Entenbrust, Thunfisch. Das Dessert schenke ich mir. Wir wählen dazu einen Malbec aus dem chilenischen Mendozza. Bei der Sorte werden wir bis ans Ende der Reise bleiben. Die Flasche für 30 Dollar leisten wir uns.

Nach dem Abendessen werden wir noch für

das Fahren mit den Zodiaks (Schlauchbooten) eingewiesen. Weil der Hafen auf der Insel Grimsey zu klein für unsere Ocean Diamond ist, müssen wir dort ausgebootet werden.

Zodiak-Schwimmwesten sind weniger voluminös als normale Schwimmwesten. Eher eine Art aufgeblasenes Schlauchgerüst, das über die Outdoorjacke getragen wird und nicht einengt. Wichtig sind die Handgriffe beim Ein- und Aussteigen: Man fasst sich dabei nicht an den Händen, sondern umfasst gegenseitig den Unterarm des anderen. Mit den Zodiak-Westen ziehen wir zurück in unsere Kabinen. Auf dem Kleiderschrank ist dafür noch eine Stelle frei.

Danach lassen wir den Abend auf dem Observation-Deck, Deck 7, ausklingen. Sonnenuntergang ist um 23.55 Uhr angekündigt, Sonnenaufgang um 3.04 Uhr. Es wird trotzdem keine finstere Nacht sein. Ich nehme mir aus der Bibliothek einen Abenteuer-Roman mit. „Liebe Isländer" von Huldar Breidfjörd. Natürlich in Island spielend. Ein junger Mann aus Reykjavik beschließt, mit dem Auto in die Westfjorde zu fahren. Im Januar. Ihm ist klar, dass hier die Straßen nicht regelmäßig von Schnee befreit werden und dass es auch keine Leitplanken gibt. Am nächsten Tag im Bus verstehe ich, dass sein Unterfangen ein gefährliches Riesen-Abenteuer werden wird.

3. Tag, Samstag 27. Mai 2016

Über Nacht nimmt die Ocean Diamond den weiten Weg über den Breiðafjörður hinaus auf den arktischen Atlantik um die Westfjorde. Sie ragen wie eine vielgliedrige Hand als zerklüftete Halbinsel ins Meer, nur durch ein schmales Gelenk von etwa 10 Kilometer Breite mit dem Rest Islands verbunden.

Die Westfjorde

Grob gesehen sieht dieser Teil von Island aus wie eine Klaue mit fünf Fingern und einem Extradaumen. Unter der Lupe sind es Dutzende von Fjorden, die sich in die Basaltberge hineingefressen haben. Fast ehrfürchtig reden die Isländer von den Westfjorden als sei es ein Land. Aus dem keiner zurückkehrt. Nirgendwo ist es einsamer und kälter, karger und deshalb unheimlicher. Und das ganz besonders im Winter, wenn die Schotterpisten der Hochebenen unbefahrbar sind. Manchmal kommt hier monatelang kein Schneepflug. Im Buch „Liebe Isländer" kann ich das gut nachfühlen.

Der Fjord Isafjardadjúp reicht tief ins Land, als teile er die Westfjorde in zwei Hälften. Die oberste Kuppe eines dieser vermeintlichen Fingerglieder sieht aus wie ein Schafkopf. An dessen Hinterkopf schufen Gletscher einen tiefen Einschnitt, ideal für einen geschützten Hafen.

Isafjörður

„Fjord der Eise" könnte man den Namen übersetzen. Der größte Ort der Westfjorde besteht aus einer Mischung von historischen und modernen Häusern. 2.500 Menschen, etwa die Hälfte aller Einwohner in den gesamten Westfjorden, leben hier. Es ist die am dünnsten besiedelte Region Islands. Schon beim morgendlichen Blick aus dem Fenster erkennen wir die steilen Felsmauern, die den Hafen umgeben. Sie ragen mit vertikalen Schneefurchen nach oben. Hier dauert es sicher lange, bis im Frühling die Sonne erstmals in die Fenster der Leute schaut. Selbst jetzt im Sommer reichen einige Schneebretter bis fast ans Meer. Ein paar Wasserfälle donnern herunter. Ein fast mystischer Ort. Ein Hafen, wie auf dem Boden eines engen Kartons. 700 Meter hoch ragen die Felswände des Eyrarfjall.

Isafjörður existierte schon im 16. Jahrhundert als wichtiger Warenumschlag der Norweger und Dänen. In der Mitte des 18. Jahrhunderts boomte, wie in einigen anderen Hafenorten, der Fischfang. Damit kam die Stadt zu Wohlstand und zu ein paar stattlichen Häusern, die sich wohlhabende Kaufleute bauen ließen. Erst zuhause erfuhren wir im Fernsehen von dem einzigartigen Wettkampf „Schlammfußball", der hier im August ausgetragen wird. Selbst in führenden Reiseführern konnten wir darüber nichts lesen.

Einige unserer Mitreisenden entscheiden sich heute für einen Ausflug auf die bewohnte Insel Vigur im Fjord. Dort befindet sich eine der wenigen Windmühlen Islands. Wir indes hatten uns schon zuhause für die Ausflugsfahrt zum Dynjandi-Wasserfall festgelegt. Fahrer Marius und Jens, der Münchner mit der isländischen Familie, begleiten uns auf dieser Tour. Durch einen neun Kilometer langen Tunnel, dem Vestfjarðagöng, unterqueren wir den „Schafkopf" nach Süden. Dieser längste Tunnel Islands ersetzt die früher problematische Verbindung von Flateyri nach Isarfjörður, die heute kommunalpolitisch zusammen gehören.

Zeit für die Geschichte von Flateyri, dem Dorf am Önundarfjörður, das am 26. Oktober 1995 von einem schweren Lawinenabgang vom 660 Meter hohen Berg Eyrarfjall verschüttet wurde. 20 Kinder kamen in ihrem Kindergarten ums Leben. Die damals 400 Einwohner waren traumatisiert. Heute leben hier noch 200 Einwohner. Und der Schock sitzt noch immer tief.

In Richtung Süden überqueren wir nun auf schmaler Straße und mit engen Kurven ohne Leitplanken den Pass Gemlufallsheiði. Abwechselnd rechts und links fallen die steilen

41

Wände zu Tal. Es gibt kaum Gegenverkehr. An den Hängen wuchern, wie an vielen Stellen Islands, alaskische blaue Lupinen, die bewusst ausgesät sind, weil sie dichtes Wurzelwerk bilden, den Boden festigen und zugleich als natürlicher Stickstoffdünger dienen. Vor allem im Winter ist diese Straße nicht befahrbar, weil der Schneepflug zu selten räumen kann. Wer hinter dem Pass lebt, muss sich auf lange Nächte einrichten, auf eine wohl gefüllte Speisekammer verlassen und beten, dass er nicht ernsthaft krank wird. Durch das subarktische Klima, lange Winter und kurze Vegetationsphasen, wachsen angepflanzte Bäume sehr langsam. sie müssen all ihre Kraft in die Zeit einbringen, solange der Boden nicht gefriert. Die Entfernungen zwischen Berg und Meer liegen – im Gegensatz zu Deutschland Alpen/Nordsee – sehr nah beieinander. Die meisten Berge sind nicht höher als 400 bis 600 Meter, weil sie von den Gletschern abgeschliffen wurden.

Die vielen Eiderenten werden bis zu 20 Jahre alt und älter. Sie nehmen die bereit gestellten, weiß lackierten Autoreifen als Brutplatz gerne an. Anfangs rupfen sie sich die weichen Daunen zum Nestbau selbst aus. Die Bäuerinnen entfernen nach einer Weile die Federn und ersetzen sie durch Heu. Zum Schutz vor Nesträubern haut man große Pflöcke in den

Boden. Auch Kurzschnabelgänse sieht man hier. Bis zu 80 Prozent des Weltbestandes brüten auf Island.

Fauna

Außer dem heimischen Polarfuchs wurden alle anderen Tiere von Siedlern eingeführt: Rinder, Schafe, Ziegen, Schweine, Pferde. Die Bauern wehren sich gegen Samengut aus Norwegen und bestehen auf isländischer Rassereinheit. Eine Ausnahme gab es vor über 200 Jahren einmal mit Schafböcken aus Schottland. Doch damit holte man sich die sogenannte Traberkrankheit ins Land, eine Art Creutzfeld-Jacob-Krankheit unter den Schafen. Befallene Tiere leiden stark unter Juckreiz und scheuern sich die Wolle vom Leib. Heute wird peinlich darauf geachtet und immer wieder gezählt, wer wie viele Schafe hat, damit nicht heimlich ein paar „Ausländer" hinzukommen, die die Rasse vermischen könnten.

Über die Berge

Hinter dem Fischerort Þingeyri am Dýrafjörður überqueren wir nun, meist auf unbefestigter Straße, Bergpass um Bergpass, alle so um die 500 Meter hoch. Ende Mai liegt hier noch viel Schnee in den Flanken. Zur Verbesserung der Infrastruktur sind einige weitere Tunnel geplant. Sie sind schon in den Landkarten eingezeichnet. Aber es gibt keinen Zeitplan, wann.

Alle Dörfer halten Dieselgeneratoren vor, falls die freischwingenden Stromleitungen, die über die Pässe geführt sind, unter Winterstürmen oder der Eislast zusammenbrechen. Hier in dieser Einöde versteht man die Dauersorge der Isländer, gut durch den Winter zu kommen.

Der Dynjandi (der Dröhnende)

Der mit rund 100 Meter höchste Wasserfall der Westfjorde kündigt sich schon lange am Horizont an. Wie ein breites Band, oben etwa 30 Meter, unten 60 Meter breit, sammelt sich das Wasser aus mehreren Bächen und Flüssen, um dann kas-

kadenartig über mehrere Stufen in die Tiefe zu fallen. Die zwei bis acht Kubikmeter pro Sekunde erzeugen ein donnerndes Rauschen, das weit zu hören ist. Es folgen noch fünf kleinere Wasserfälle hinunter bis zum Fluss Dynjandisá, der später in den Fjord Borgafjörður mündet.

Ergriffen sitzen wir auf einem Felsbrocken und sehen diesem Schauspiel zu. Ein guter Platz für unser Picknick. Einige kraxeln höher auf der Seite des Dynjandi hoch, um noch raffiniertere Fotos schießen zu können. Wir erfreuen uns an einem Bachlauf, der von Tausenden gelber Sumpfdotterblumen umrankt ist. Ich kenne sie aus meiner Kindheit. bei uns scheinen die nahezu ausgestorben zu sein. Andere Leute sitzen an hölzernen Picknick-Tischen. Es ist ein schöner, sonniger aber kalter Tag, dieser Samstag Ende Mai. Wollschal, Wollmütze, Handschuhe, gefütterte Stiefel und Thermojeans sind uns nicht zu warm.

Während wir den gleichen Weg zurück fahren, erzählt Jens uns, dass Isländisch eine nordgermanische Sprache sei, sehr kompakt und sehr präzise. Übersetzungen aus anderen Sprachen fielen auf Isländisch meistens 50 Prozent kürzer aus. Bis ins 19. Jahrhundert habe der Hering in der Ernährung der Isländer keine Rolle gespielt, er wurde nur als Köder für Schellfisch und Kabeljau gefangen. Da mussten erst die Norweger kommen, um ihnen beizubringen, wie lecker sich Hering einlegen und verarbeiten lässt. Der Fischfang erhielt auch eine neue Komponente, als in den 1870er Jahren die Amerikaner zum Butt-Fang kamen. Kopenhagener Kaufleute stürmten die Häfen, um den Fisch aufzukaufen.

Wir erfahren, dass Isländer in der Regel keine Wohnungen oder Häuser mieten. Man kauft und verkauft, wenn die Arbeit ein neues Domizil erfordert.

Grimsey

Beim täglichen Port-Talk (Hafengespräch), das ist die Ausflugsbeschreibung für den nächsten Tag, werden Starkwind und gewaltige Wellen angesagt. Es sei fraglich, die Insel Grimsey zu besuchen, weil man sowieso nicht mit dem Schiff bis in den Hafen fahren kann, sondern nur mit den Zodiaks. Dafür hatten wir ja geübt. Ich bin darüber etwas enttäuscht. Im Vorfeld hatte ich mir die Novelle „Grimsey" von Ulrich Schacht gekauft, um mich in diese angeblich einzigartige arktische Insel einzulesen. Sie liegt 41 km vom nördlichen Festland Island entfernt und direkt auf dem Polarkreis. Mit 5,3 Quadratkilometern ist es eine winzige Insel, nur 5,5 Kilometer lang und aus Basalt bestehend. Die Wikinger besiedelten sie als erste. Heute leben hier noch 90 Einwohner. Grimsey besitzt eine Fluglandebahn, einen Hafen, ein paar Pensionen, ein Hotel, einen Einkaufsladen und ein Schwimmbad; also ein idealer Ort, um sich von stressigem Leben zurück zu ziehen.

Leider enttäuschte mich die Novelle sehr. Sie handelt von einem Wanderer, der mit dem Flugzeug zwar auf Grimsey ankommt und sich zu Fuß auf den Weg zum Hafen macht, wo ihn ein Schiff abholen soll. All seine Gedanken und Rückerinnerungen aber haben so gar nichts mit Grimsey, dessen Einwohnern oder der Landschaft zu tun, sondern mit völlig anderen Orten und Personen, was er – literarisch sicher wertvoll – während seines Marsches reflektiert. Dass er dafür mit dem Preis der LiteraNord ausgezeichnet wurde, bleibt sich nicht nur mir verschlossen.

Es braut sich was zusammen. Schon um 17.00 Uhr legt die Ocean Diamond ab und nimmt Kurs auf Siglufjördur, 135 Seemeilen liegen vor uns. Ein besonders weiter Weg über die Bucht Húnaflói und um die Landzunge Skagaheiði in den Norden Islands. Noch denken wir an nichts Schlimmes.

Der Kapitän lässt bitten

Kapitänsempfang in der Main-Lounge; danach Kapitänsdinner. Als Dresscode wurde um sportlich-elegant gebeten. Was die meisten Amerikaner und Kanadier darunter verstehen, sieht ausgesprochen peinlich aus. Sie kommen in kurzer Hose, Flip-Flops und T-Shirt. Etwa zehn Prozent der Gäste dürfen sich deshalb wohl overdressed fühlen. Auch wir haben uns etwas aufgebretzelt. Bernhard legt zum Clubblazer eine Fliege an. Ich behänge meine Ohren mit ein bisschen Glitzer und werfe mich in einen silbergrauen Blazer. Mit Sektglas und neben dem schmucken Kapitän in Paradeuniform geben wir sicher das Bild ab, das sich der Kapitän von einem Kapitänsempfang vorstellt. Wir auch.

Wir nehmen auf den Kinosesseln Platz. Ingimar Pálsson greift in die Tasten und intoniert Melodien aus dem vorigen Jahrhundert: Dr. Schiwago, Peter Kreuder, Peter Alexander, alles, was der Seele Schwingen verleiht. Dann ergreift der Kapitän das Wort, er sei Finne und führe dieses Schiff, das früher ein Handelsschiff war, seit 20 Jahren. Er bereitet uns darauf vor, dass wir ein paar stürmische Stunden vor uns haben werden. Obwohl er viel Erfahrung mit dem Schiff und der Region habe, hätte er doch keine Möglichkeit, das Wetter zu beeinflussen. Wie wahr, wie wahr.

Dann stellt er die übrige leitende Crew vor: die Schiffsärztin, den Restaurantchef, den Küchenchef, ein sehr schmaler Franzose. Wir mutmaßen, dass er entweder krank sei oder es schmeckt ihm nicht, was seine Küchen-Crew auf den Tisch bringt. Den Hoteldirektor, einen Strahlemann wie aus dem Traumschiff, kennen wir bereits von der Ankunft.

Das Kapitänsdinner

Platz nehmen zum Abendessen. Die vage Hoffnung, wir würden vielleicht als Reisejournalisten am Tisch des Kapitäns landen, zerplatzt wie eine Seifenblase. Der Kapitän muss auf die Brücke. Das Schiff bewegt sich schon sehr lebhaft. Dieses Mal haben wir keine Lust für einseitige Konversation und nehmen uns einen Zweier-Tisch. Bernhard entscheidet sich für ein Rib-Eye, ich für gebratenen Lachs. Die Vorspeise für Bernhard wird erst mal vertauscht und wieder abgeholt. Meinem Salat fehlt das Dressing, was der Restaurantchef mit einem Blick sieht und unverzüglich neuen bringt. Vielleicht liegt es an unserem dichten Platz an der Tür zur Küche, das wir häufig übersehen werden, wenn der Teller abservierfertig und das Wasser ausgetrunken sind. Ausnahme ist nur die philippinisch aussehende Sommelieuse, die Bernhard sehr bestimmt vom ständigen Nachschenken des Weins abbremsen muss. Man merkt, dass die Dame auf Umsatz aus ist. Uns geht es aber hauptsächlich um weniger Promille. Aufs Dessert verzichten wir beide. Es war an den ersten beiden Abenden entsetzlich süß und nicht wirklich gut.

Schwere See

Schon während des Abendessens verspürten wir kräftige Schiffsbewegungen. Sie schaukeln sich im Laufe einer Stunde so hoch, dass die Abendshow mit Arndis „Zauber der Freiheit" abgesagt werden muss. Wir schwanken durch die Gänge und wirken alle irgendwie angetrunken. Das obligatorische Glas Wein auf der Bettkante schütte ich in die Flasche zurück. Seekrank? Oder zumindest ein Anflug? Der Blick aus dem Fenster zeigt anfangs nichts außer Gischt auf zwei Meter hohen Wellen, sonst nichts. Kein Land zu sehen. Nicht einmal schemenhaft. Ich lese weiter in dem Buch „Liebe Isländer"; darin stochert der Titelheld lebensbedrohlich über tief verschneite Straßen und entlang von Abhängen in den Westfjorden. Er landet in Schneeverwehungen, lässt sich schließlich Spikes einschlagen, rettet sich von Kiosk zu Kiosk, isst schlecht, schläft schlecht in seinem Auto, er friert, er leidet unter der Einsamkeit in den Dörfern, durch die er kommt. Der Winter hat die Westfjorde schwer in den Klauen. Im Buch zumindest. Was ist nun besser: Schnee oder Stürmische See?

Das beste Mittel bei Seekrankheit ist für mich schon immer Schlafen. Bernhard schläft schon lange. Ich stelle meine Stiefel so vors Bett, damit ich notfalls schnell hineinspringen kann.. Geld, Fotoapparat, Mütze und Handschuhe liegen parat. Die Nacht ist nicht erholsam. Gegen Morgen wird die See ruhiger. Der Himmel bleibt trotzdem grau und kalt.

4. Tag Sonntag, 28. Mai 2017

Siglufjörður

Ich erwache mit einem Lied aus früheren Jahren im Kopf: „Wir lagen vor Madagaskar." Der Kapitän macht eine Durchsage: Grimsey fällt definitiv aus. Als Ersatz wollen sie uns am Nachmittag mit den Zodiaks in der Bucht von Siglufjörður bespaßen.

Siglufjörður ist die nördlichste Stadt Islands, etwa 1300 Einwohner und nur 40 Kilometer südlich des Polarkreises gelegen. Das merkt man, es ist arschkalt an diesem Morgen. Dass dies einst die berühmteste Heringsstadt der Welt war, davon erzählt das Heringsmuseum. Die Wikinger fanden den Fjord schon um 900 und siedelten hier. 1000 Jahre später entdeckten die Norweger riesige Heringsströme, damit begann eine Zeit, die mit dem Goldrausch in Amerika zu vergleichen ist. Mit der Einfuhr von Motorbooten und leistungsstarken Fanggeräten begannen groß angelegte Dorsch- und Heringsfänge. Jahre lange Stagnation und Armut hatten ein Ende.

Anfangs lag das Geschäft in den Händen der Norweger. Sie fingen den Fisch mit Angeln in Küstennähe. Dann fischten sie mit Treibnetzen im offenen Meer. Norwegische Reeder ließen sich nieder und kauften Strandgrundstücke, bauten Häuser und Kais und nahmen großen Einfluss auf die Entwicklung der ehemaligen Fischerdörfer im Umkreis. 1881 gründeten die Isländer ihre eigene Heringsfanggenossenschaft und exportierten auch nach Schweden, Dänemark, Finnland, Russland, Deutschland und sogar in die USA.

1891 entstanden in Siglufjörður die ersten Fischfabriken. Innerhalb von 40 Jahren entwickelten sich 23 Fangstationen und viele Fabrikhallen für das Einsalzen und Einlegen der Heringe in Fässer. Fünf Siedereien stellten aus den Resten Tran und Fischmehl her, die auch verkauft und exportiert wurden. Heringsspekulanten kamen und gingen. Das Dorf wuchs zur fünftgrößten Stadt Islands. Zehntausende von Saisonarbeitern kehrten das wirtschaftliche, kulturelle und gesellschaftliche Leben von Unterst zu Oberst. Viele Kinder wurden geboren. Etliche dieser Glücksritter wurden reich, andere verloren alles. Die guten Heringssommer mit immer raffinierteren Fangmethoden sicherten vermutlich die wirtschaftliche Unabhängigkeit Islands und Norwegens, während die Weltwirtschaftskriese andere Nationen in die Knie zwang.

Etwa 100 Jahre dauerte dieser Boom und endete dann mit einem Schlag. 1969 verschwand der Hering ganz plötzlich. Die Fabriken mussten schließen und verfielen. Viele Menschen wanderten ab, weil es zu wenig Arbeit gab. Zwar zeigten sich nach wie vor Heringsschwärme, aber bescheiden, so dass sich der ganze aufgesteltzte Aufwand nicht mehr lohnte. Noch heute gibt es ein paar Fischer und die größte Fischsiederei des Landes, die aus Lodde, eine kleine arktische Fischart aus der Familie der Stinte, und aus Hering Fischmehl und Tran herstellt. Es existieren auch zwei Krabbenkombinate. Der Hering ist zurück gekehrt, wenngleich er heute – vor allem die Jungfische - mit strengen Fangquoten besser geschützt wird, damit sich der Bestand weiter erholt. Am ersten Augustwochenende erinnert das Stadtfest „Heringsabenteuer" an diese glorreichen, wohlhabenden Jahrzehnte.

Das Heringsmuseum

Das ist schon etwas Spezielles. Das rote Haus, die Roaldsbaracke an der Snorragata 19, war eine der größten Heringsstationen in Island mit vier Landungsbrücken und gehörte den Brüdern Olav und Elias Roald aus Ålesund in

Norwegen. Im Erdgeschoss, wo sich heute ein Museum befindet, wurde der Hering bearbeitet, im ersten Stock befand sich das Büro und unter dem Dach wohnten bis zu 50 Saisonarbeiterinnen, die den Hering ausnahmen und mit Salz in Fässer verpackten. Wie flott sie das konnten, demonstrieren noch heute drei bis vier Damen in alten Arbeitsgewändern, natürlich als Freiluftshow für die Besucher.

Die perfekte Vorführung gleicht einem Theaterstück, in dem sie sich erst aus dem Fenster beschimpfen und zur Arbeit anstacheln und dann vor dem Haus noch immer frisch gefangene Heringe bearbeiten, ihnen mit einem geschickten Schnitt den Bauch aufschneiden und mit der gleichen Bewegung die Gedärme herausreißen und fertig. Dazu erzählen sie sich lautstark Geschichten, die wir freilich nicht verstehen, und johlen und singen dabei. Später erhalten wir eine Kostprobe von eingelegtem Hering (Sill), wie wir sie auch jeden Morgen auf dem Frühstücksbuffet vorfinden; dazu typisches isländisches süßes Roggenbrot mit Butter und einen Kümmelschnaps zur Verdauung.

Zurück an Bord unterrichtet uns der heutige Port-Talk, was wir auf unserer nächsten Station – Akureyri, die Hauptstadt des Nordens und zweitgrößte Stadt Islands – zu erwarten haben. Sie liegt am Ende des Eyafjörður, der tief in die Insel hineinragt. Wie ich schon weiß, spielt mein nächstes Buch aus der Bibliothek, ein echter Islandkrimi, in Akureyri.

Erstmals haben wir Mittagessen an Bord. Angekündigt ist Essen im Barbecue-Style. Die sechs Rechaudbehälter in der vorderen Mitte des Speisesaals, je zwei Mal drei auf jeder Seite, deren Inhalte sich jedoch wiederholen, sind gut gefüllt. Die Tische sind eingedeckt. Teller reichlich vorhanden. Das Personal für Getränke bedient schnell wie immer. Zum hervorragenden Essensangebot gehört immer wenigstens ein Fischgericht. Heute außerdem kleine Steaks von verschiedenen Tieren, Grillwürstchen, Lachs, Baked Potatoes, Maiskolben, Grillgemüse. Ein Salatbuffet, Grillsoßen, Brot und Brötchen, Käseplatte und wenigstens vier verschiedene Desserts runden die Auswahl ab. Ständig wird nachgelegt. Die Getränke-Ladies umschleichen uns bemüht. Okay, wir ordern eine Flasche Malbec und nehmen den Rest mit in die Kabine.

Die Einladung zu einer Zodiak-Tour soll unsere Enttäuschung wegen des Ausfalls des Grimsey-Besuchs dämpfen. Regendichte Kleidung wird dazu empfohlen. Unsere Regenanzüge vom Radeln eignen sich bestens. Unter den Blouson ziehe ich mir noch eine Pseudo-Daunenjacke von Aldi, dünn aber sehr warm. Und dann kommt die Sonne heraus und bringt uns tüchtig zum Schwitzen. Beim Einsteigen hat Bernhard prompt den speziellen Unterarmgriff vergessen. Beim zweiten Ansatz klappt auch das. Wir sitzen jeweils zu acht in dem schwarzen Schlauchboot und Arndis, unsere Bootsführerin, gibt ganz schön Gas, damit wir übers Wasser flitzen. Erst einmal ein paar Runden um die Ocean Diamond für Fotos und dann an das Ufer, wo sich kleine Wasserfälle mit Rieselvorhängen in den Fjord ergießen.

Gegen 16.00 Uhr heißt es für die Ocean Diamond „Leinen los". Es liegen 55 Seemeilen vor uns. Die Zeit bis zum Abendessen genießen wir in der Club Lounge wie immer bei unaufdringlicher Pianomusik von Ingimar

Pálsson, Tee und den unvergleichlichen dicken Keksen aus dem Keksglas. Zusätzlich gibt es Kuchen und Schnittchen. Die Lounge ist voll besetzt. Die meisten lesen ihre E-Mails. Weil wir am Sturmabend keinen Wlan-Empfang hatten, lesen auch wir auf dem Tablett Nachrichten nach. Donald Trump habe sich auf dem G7-Gipfel zu den Themen Flüchtlinge und Klimaschutz aufgeführt wie die Axt im Walde. Der italienische Premierminister, der die Leitung in Taormina inne hatte, habe angeprangert, dass zeitgleich und unweit jener feinen Gesellschaft Kinder ertrinken. Eine Dame strickt Socken. Die helle Sonne vermittelt Hoffnung auf eine ruhige Nacht.

Ein Odenwälder Bub

Beim Abendessen sitzen wir mit einem deutschen Paar aus Berlin zusammen. Unfassbar vernehmen wir, dass er – etwa mein Alter – aus unserer Nachbarschaft stammt; ein Odenwälder Bub aus Etzen-Gesäß, der wohl in Berlin – ich schätze mal Post oder Politik – Karriere gemacht hat, aber heute auch im Ruhestand ist. Den ehemaligen Landrat Schnur aus dem Odenwaldkreis entdecken wir als gemeinsamen Bekannten,. Wir diskutieren über den Untergang der Journalisten-Ethik und über den Verfall des vermeintlichen Traumberufs Reisejournalist. Auf der Speisekarte stehen Lamm, Cod (Kabeljau) und eine kräftig mit Chili gewürzte Fischsuppe.

Für 21.15 Uhr wird ein Vortrag über „Geologie" angekündigt. Vom „Professor"!. Das an sich sehr interessante Thema wird wieder in einem so sparsamen und lückenhaften Deutsch und übermäßig langweilig vorgetragen, dass ich schnell einnicke und gar nichts mitbekomme. Es ist mir überhaupt nicht peinlich, dass mich der Professor schlafen gesehen hat.

Bernhard und ich vertiefen uns in ein Gespräch über unsere Väter, die beide nicht die Erfolge unserer Berufstätigkeit und das Glück unserer Ehe miterleben konnten. Beide sind wir Flüchtlingskinder, Bernhard aus dem Sudetenland, meine Eltern aus Schlesien. Zu erben gab es für uns beide nichts. Unsere Muttis haben noch ein paar Jahre unseres guten Lebens mitbekommen. Wir sind mit ihnen auf die Kanaren gereist und nach Zypern. Aber nun sind sie beide tot.

Ich suche nach dem Insektenspray, denn morgen fahren wir zum Myvatn See, auf Deutsch: Mückensee. Auch Badezeug werden wir mitnehmen, um auf der Heimfahrt in einer der himmelblauen Lagunen zu baden, die hier überall auf der Insel mit warmen Wasser aus der Erde gefüllt sind. Jeder Ort hat wenigstens einen sogenannten Pott mit warmem Wasser, eigentlich auch jedes Haus, und wenn der Pott noch so klein ist.

5. Tag, Montag, 29. Mai 2017

Akureyri

Schon gestern Abend gegen Mitternacht hat die Ocean Diamond in Akureyri angelegt. Die etwa 20.000 Einwohner zählende zweitgrößte Stadt Islands überrascht uns nach den kalten Tagen mit mildem Wetter. Kein Witz: Während ich diese Zeilen Mitte September in Deutschland schreibe, meldet der Wetterdienst, dass es heute in Akureyri 17 Grad Celsius gegeben habe und wir bibbern in Deutschland bei 12 Grad. Der Wetterfrosch rät allen, denen es gerade zu kalt ist, zu einer Reise nach Island. Tatsächlich herrschen zurzeit am untersten Ende des Eyafjörður, obwohl unweit des Polarkreises, für isländische Verhältnisse sehr milde Temperaturen.

Die Innenstadt von Akureyri ist klein und fußläufig; wir werden sie am Abend ein wenig erkunden. Weit sichtbar erhebt sich das Wahrzeichen, die Akureyrakirkja, auf einem Hügel; ein schlichter Betonbau mit hohen Türmen, noch keine 100 Jahre alt. Wenn sie abends öffnet, werden wir uns das 400 Jahre alte Fenster aus der im Zweiten Weltkrieg zerstörten Kathedrale von Coventry ansehen.

Nach dem Frühstück erwartet uns der Bus mit Cornelia als Reiseleiterin. Von ihr lernen wir gleich den wichtigsten isländischen Kommentar, wenn etwas anders kommt, als erwartet: „þetta reddast", gesprochen „Sätta rädascht", sprichwörtlich „Kommt Zeit kommt Rat". Auch Cornelia, eine Deutsche, kam vor über 20 Jahren wegen der Liebe nach Island und weiß daher, was uns Deutsche am Leben auf Island interessiert. Zum Beispiel, dass man in Akureyri zwar in einer attraktiven Stadt lebt, aber eben doch am Arsch der Welt. Vier bis fünf Stunden sind es mit dem Auto nach Reykjavik, wenn nicht gerade Winter ist; 45 Minuten mit dem Flieger. Dazwischen liegen riesige Gletscher und Lavafelder. Ein Tunnel ist geplant, der die Schleife von Akureyri nach Háls abkürzt, damit man schneller in den Osten und zum Mückensee kommt. Heute müssen wir also das große S am Fjord fahren – erst nach Süden, dann nach Norden und dann wieder nach Süden – und gelangen nach etwa 50 Kilometern zum Godafoss (foss = Wasserfall)

Godafoss

Er ist mit circa zehn Metern Fallhöhe zwar kein Gigant, aber wegen seiner Breite und seiner Geschichte ein besonderes Ziel. Zudem liegt er auch an der Ringstraße, auf der die Auto-Besucher vorbeifahren. Godafoss kommt von „Götterfall". Die hier seit dem 8. Jahrhundert siedelnden Norweger wurde im Jahr 1000 zwangs-christianisiert. König Olaf hatte ihnen praktisch die Pistole auf die Brust gedrückt, in dem er ihnen bei Nichtbefolgung ein Holzembargo androhte, was einem Ende des für sie lebenswichtigen Schiffsbaus gleichgekommen wäre. Anscheinend gab es damals noch Bäume. Eine besonders eindrucksvolle Bekehrung habe ein gewisser Goden þorgeir geboten, als er seine hölzernen Götterstatuen in den Wasserfall warf und sich an seinem Ufer taufen ließ.

Leben auf Island

Wir fahren weiter und Cornelia erzählt uns, wie wichtig Vorratshaltung für Isländer ist, wenn man nicht gerade mitten in Reykjavik wohnt. Das Leben zählt hier nicht nach Jahren, sondern nach Wintern, weil es immer Winter gab und gibt, wo Menschen verhungern oder erfrieren. In einigen Gegenden ist der nächste Laden 70 Kilometer entfernt. Mit leerer Speisekammer und Kühltruhe ist man bei nicht geräumten Straßen chancenlos.

In Island, so Cornelia, hängt alles zusammen: das Geld, die Natur, die Katastrophen und die Wirtschaft. Jeder Isländer ist hoch verschuldet.

Weil es keine Mietwohnungen gibt, muss man Haus oder Wohnung kaufen und sich verschulden. Zudem belasten hohe Einfuhrzölle und hohe Steuern. Während es sich in der Stadt Reykjavik leichter lebt, müssen sich die Menschen auf dem Land immer etwas einfallen lassen. Zum Beispiel braucht fast jeder zwei oder drei Jobs, um mit genügend Geld durch den Winter zu kommen. Zwei Drittel aller Isländer sind berufstätig. Die staatliche Krankenversicherung versagt häufig, weil nicht überall ein Arzt zu bekommen ist, wenn Not am Mann oder an der Frau ist.

Cornelia kam eigentlich als Lehrerin nach Island. Auch ihr Mann ist Lehrer. Als es aber immer weniger Kinder gab, wurde die Schule einfach geschlossen und beide hatten sich selbst zu kümmern, um ihr Überleben mit ihren Kindern sichern. So etwas wie eine Arbeitslosenversicherung oder Beschäftigungsgarantie gibt es hier nicht. Unter anderem haben sie einen Hof, den sie bewirtschaften. Cornelia arbeitet als Übersetzerin und Reiseleiterin. Nebenbei forsten beide im Auftrag des Staates Flächen mit jungen Bäumchen auf. Erst jetzt fällt uns auf, dass es auf Island praktisch keinen Wald gibt, nur höhere Büsche und kleine Bäume, die in der kurzen Vegetationsphase natürlich viel langsamer wachsen als bei uns. Bis hier mal wieder Wald wächst, können mehrere hundert Jahre vergehen.

Gegen den Raubbau der Wikinger wurde Jahrhunderte lang nichts getan. Mangels Holz bauten die Isländer ihre Häuser bis zum Ende des 19. Jahrhunderts aus Torf. Sie waren dunkel, feucht und ungesund. Der Türstock war immer nur so hoch wie das Stück Treibholz, das man zufällig an der Küste fand. Aus statischen Gründen waren die Torfhäuser relativ klein; deshalb wurde praktisch für jede Stube ein eigenes Haus angebaut. Wir sahen ein Exemplar auf der Westmänner-Insel Heimaey. Die Fenster sehr klein. Keine Heizung. Nicht besonders heimelig. Und das in den langen Wintern, wo sich die Sonne kaum zeigte.

Die wilden Weihnachtstrolle

Wir kommen auf Weihnachten zu sprechen. Nein, hier gibt es keinen Weihnachtsmann und kein Christkind, sondern 13 Weihnachtstrolle. Sie tauchen nach und nach an den 13 Tagen vor Weihnachten auf und verheißen nicht immer Gutes. Ihre besonderen Namen verraten: So richtig lieb ist keiner von ihnen. Ihre Mutter, die jahrhundertealte Trollfrau Grýla, versteckt der Sage nach ihre 13 Söhne das ganze Jahr in ihrer Trollhöhle, nur im Dezember, wenn es kalt ist und Schnee fällt, dürfen sie –

einer nach dem anderen – vom Hochland in die Stadt hinunter wandern. Einerseits freuen sie sich, Menschen zu treffen, andererseits klauen sie wie die Raben. Trolle können nur im Freien sein, wenn es dunkel ist, sonst erstarren sie zu Stein. Wie auch die Trollfrauen in den Westfjorden. Das ist kein Problem, denn in dieser Jahreszeit gibt es nur etwa vier Stunden Tageslicht. Also legen die isländischen Kinder abends ihre Schuhe auf den Fenstersims und hoffen, dass sie nicht geklaut, sondern mit etwas Gutem gefüllt werden. Es kann auch passieren, dass nur eine alte Kartoffel drin liegt. Um die Trolle günstig zu stimmen, legt man ihnen etwas zum Knabbern, einen Keks oder ein Stückchen Schokolade hin. Also echt spannend die isländische Vorweihnachtszeit.

Wenngleich: Die Isländer haben Dank globaler Fernsehlandschaft die gleichen Probleme wie die Niederländer, nämlich dass die Kinder gerne die angenehmeren Bräuche wie Nikolaus und Christkind aus USA oder Deutschland genießen möchten, zumal, wenn ein Elternteil, damit auch die Großeltern beispielsweise aus Deutschland stammen und dieses Brauchtum weiterpflegen.

Der Mückensee

Der Mývatn mit dem gleichnamigen See bietet eine Landschaft mit der ganzen Vielfalt von Natur- und Geologieerscheinungen, die man sich vorstellen kann: brodelnde Schlammtöpfe, erstarrte Lavazungen, blubbernde stinkende Schwefelfelder, Krater, Risse im Boden, dann wieder grüne saftige Wiesen und Hügel. Und in der Mitte der Mytvatn-See, der seinem Namen Mückensee wirklich gerecht wird. Mücken setzen sich überall auf unsere Kleidung und verschwinden eigentlich nur bei Wind. Gut ist, dass sie nicht so klein wie unsere Schnaken sind, sondern so groß wie dünne Fliegen mit langen Beinen. Die Zuckmücken sieht man gut. Sie stechen zwar angeblich nicht, sie kriechen aber, wenn man nicht aufpasst, in Nasenlöcher und Ohren. Anders die Kriebelmücken, die auch in die Kopfhaare eintauchen und nach Blut suchen. Ich taste einen Tag später etliche juckende Stichhügel an meinem Hinterkopf und an den Schläfen. Das Insektenabwehrmittel hat versagt.

Der mit 37 Quadratkilometern viertgrößte Binnensee Islands, entstand angeblich, als vor knapp 4000 Jahren ein Fluss von einem Lavastrom blockiert wurde. In seiner relativ geringen Wasserhöhe von zwei bis vier Metern brodeln unzählige Quellen und füllen das Wasser auf. Es gibt viele Forellen und vor allem Lachse, die hier laichen und sich über den Fluss Laxá nach Norden in die Bucht Skjálfandi retten, wenn sie nicht vorher geangelt werden.

Badepause

Jeder Ort, fast jeder Bauernhof, besitzt einen sogenannten Pott, ein Becken, Loch oder wenigstens einen Tümpel, der mit warmem Wasser aus der Erde gespeist wird. Die blaue Lagune bei Reykjavik soll das größte dieser Schwimmbäder sein; es kostet allerdings auch 45 Euro Eintritt. Unsere Planschbecken in der Badeanstalt „Myvatn Natur Baths" sind etwas kleiner; der Eintritt ist im Reisepreis enthalten. Zwei nierenförmige Becken von passabler Größe erwarten uns mit himmelblauem, mil-

chigen Wasser. Pingelig wird darauf geachtet, dass wir vor dem Einsteigen nackt – wirklich ohne Badeanzug – duschen. Im Grunde ist das Wasser viel zu warm, um darin zu schwimmen. Einige stehen mit einem Cocktail in Grüppchen und plaudern, andere schleichen mit eingeknickten Knien durch die Becken, um bis über die Schultern in das weiche warme Wasser einzutauchen. Denn außerhalb des Wassers ist es saukalt. Ja, es stinkt ein wenig nach Schwefel. Die Haut fühlt sich danach aber wunderbar weich an. Bernhard konnte ich nicht überreden. „Einer muss ja fotografieren, rettet er sich", obwohl er überhaupt nicht wasserscheu ist. Er hatte wohl keine Lust, sich umzuziehen. Wir treffen uns nach dem Anziehen im Restaurant bei einem Glas Wein. Ich kaufe noch ein bisschen Lavasalz als Souvenir.

Hverarönd

…heißt ein sogenanntes Solfatarenfeld unterhalb der Passhöhe von Námaskarð am Fuße des Bergs Námafjall. Es sei das beeindruckendste Islands, lesen wir in der einschlägigen Reiseliteratur. Die völlig vegetationslose Fläche sieht aus, wie man sich eine unbewohnbare Marslandschaft vorstellt: graue Blubberstellen, Schlammkessel, giftig-grüne Lachen und Löcher mit gelb-orangen trichterfömigen Randkrusten, aus denen heißer – nach faulen Eiern stinkender – Dampf austritt. Das Gelände sieht unwirklich aus stinkend, zischend und fauchend wie der Vorhof zur Hölle.

Solfataren (der Name kommt aus dem Italienischen) sind 100° bis 250° Celsius heiße vulkanische Ausströmungen von Gasen wie Schwefelwasserstoff, Kohlenstoffdioxyd und Wasserdampf. Sie stoßen aus Tiefen von bis zu

1000 Metern nach oben. Bei Kontakt mit Luftsauerstoff oxidiert Schwefelwasserstoff und bildet Schwefel und Schwefeldioxid, das sich im Wasser löst und schwefelige Säure ergibt. Diese Säure greift Gestein und Boden an und stößt diese aufgeweichte Mischung nach

oben, als wenn sich die Erde erbricht.

Im Mittelalter und auch wieder im 18. Jahrhundert wurde am Námafjall Schwefel für Schießpulver gewonnen. Was wir von dem Solfatarenfeld sehen, ist nur die unterste Ebene. In der Ferne sehen wir Leute, die sich auf die Panoramatour bis zur Passhöhe begeben. Es wird davor gewarnt, vom markierten Weg abzuweichen, weil hier die Erdkruste sehr dünn ist und man leicht einbrechen kann. Bei 80 bis 100°Celsius eine sehr schmerzhafte Begegnung.

Port-Talk um 18.45 Uhr

Einweisung durch die Expeditionsleiter für den nächsten Tag. Husavik. Ein malerisches Städtchen mit 2.300 Einwohnern und einer der schönsten Kirchen Islands. Der wunderbare Hafen liegt vor einer imposante Bergkulisse. Die Wale haben hier immer eine große Rolle gespielt, deshalb gilt Husavik als Geburtststätte des Walwatching überhaupt.

Schweizer Intermezzo

Zum Abendessen suchen wir uns heute einen Platz im Separee des Decks 4; das haben wir entdeckt, weil es auf dem gleichen Deck liegt, wie die Club Lounge. Erst dachten wir, dieser kleine Speisesaal sei nur für bestimmte Gruppen oder für VIPs gedacht. Aber so ist es nicht. Jeder kann da rein. Das Essen ist das Gleiche. Der Service auch. Nur ist eben der Raum etwas kleiner und übersichtlicher. Wir setzen uns zu einem Schweizer Paar aus Biel, am Bieler See, Kanton Bern. Als Buchautoren von zwei Schweizer-Radwanderführern kennen wir natürlich die Region und es gibt sofort Gesprächsstoff. Den Namen der beiden erfahren wir erst Monate später, als sie uns eine Mail mit Fotos vom Meer schicken. Ich hatte gehofft, dass sie wenigstens ein Selfi geschickt hätten. Wir hatten ihnen unsere Visitenkarte gegebenen, ohne dass sie sich vor Ort revanchiert hätten. Wir wollten sie nicht nach den Namen drängen. Es war ihnen wohl wichtig, incognito zu bleiben. Nach den Reisen, die sie so unternehmen, erschienen sie uns doch als sehr wohlhabend. Sie hatten ursprünglich Deck 6 gebucht und landeten auf dem VIP-Deck mit einer Suite mit Außenbalkon. Sie hatten für die Reise doppelt so viel gezahlt wie wir.

Wir machen noch einen Abendspaziergang durch Akureyri, nur einen kleinen rund um das Schiff. Eigentlich schade, dass der gar nicht im Programm vorgesehen war. Aber wir sind selbst schuld daran, denn wir hatten schon Zuhause täglich einen Ausflug in die Region gebucht. Über Akureyri lese ich eigentlich erst in meinem neuen Island-Krimi.

Gleich neben dem Hafen treffen wir auf das großvolumige Konzert- und Tagungshaus. Der moderne Bau heißt HOF. Von hier aus blicken wir hoch auf die moderne Kirche auf einer Anhöhe. Später erfahren wir, dass der Botanische Garten, ebenfalls auf der Höhe, sogar bis 22 Uhr offen gewesen sei. Hier wachsen so gut wie alle isländischen Pflanzen. Aber trotz Sonne am Himmel, war es mir zu kalt.

Wir gehen zurück zum Schiff und auf einen Absacker in die Club Lounge, wo Diana, eine blutjunge Musikstudentin aus Akureyri, zusammen mit einer Pianistin als Jazz-Sängerin auftritt. Sie ist nicht perfekt aber gut, schmissig aber nicht routiniert, trotzdem unterhaltsam, weil sie alles gibt. Es sieht so aus, als habe ihr das Konversatorium eine Chance gegeben, vor ausländischen Gästen aufzutreten. Wir belohnen sie mit frenetischem Beifall und erhalten auch noch eine kleine Zugabe.

Um 23.59 Uhr legt die Ocean Diamond ab. Man merkt das am sanften Zittern, an einer leichten Vibration, die über den Teppichboden huscht. Fürs Fernsehen hatten wir uns in der Bibliothek den Videofilm „Die Liga der außergewöhnlichen Gentlemen" mit Sean Connery geholt. Das ging ganz unproblematisch. In der Bibliothek ist nur die leere Cassette; die DVD holte man sich am Rezeptionsdesk und gibt sie dort auch wieder ab. Kosten entstehen nicht. Es wird nur die Kabinen-Nummer notiert.

6. Tag, Dienstag, 30. Mai 2017

Beim Aufwachen spüren wir, dass die Ocean Diamond schon fest vertäut im Hafen liegt. Der Speiseraum ist ziemlich leer. Eine Gruppe ist schon unterwegs zur Walbeobachtung, eine zweite auf Jeep-Tour auf „geheimen Pfaden", was immer das bedeutet. Weil wir erst für den Nachmittag ein Ausflugsprogramm gebucht haben, bleibt der Vormittag zur freien Verfügung. Also Landgang auf eigene Tour.

Husavik (Häuserbucht)

Wie fast überall umrahmt eine imposante Bergkulisse den malerischen Ort. 2.300 Einwohner. Der Ort liegt auf dem Landweg ziemlich nah an Akureyri und vom Mückensee hätten wir mit dem Bus sehr schnell hinkommen können. Das Schiff mit unserer Habseligkeiten aber musste die Halbinsel der Flateyjardalsheiði umrunden, immerhin 61 Seemeilen. Schließlich reisen wir mit Hotel.

Angeblich gibt es hier Europas beste Stelle, um Wale zu beobachten. Die Wahrscheinlichkeit läge bei 99 Prozent. Zwölf verschiedene Walarten habe man schon gesichtet, vor allem die größten: Buckelwale, Pottwale und Finnwale. Das sei die Attraktion in Húsavik und von 80.000 Besuchern jährlich gebucht. Wir hatten das schon auf den Azoren, deshalb interessieren wir uns mehr für das Theoretische.

Wal-Museum

Es ist das Beeindruckendste, das wir je als Wal-Museen gesehen haben. Untergebracht in einem ehemaligen Schlachthaus ist genügend Platz, um neun komplette Walskelette zu zeigen. Vor allem der Narwal hat es uns angetan. Mit seinem spitzen langen Horn inspirierte er Jahrhunderte die Fantasie der Einhorn-Gläubigen. Noch bis 1638 verkauften die Isländer die

Narwalhörner als vermeintliche Hörner von weißen Pferden. Erst dann flog der Schwindel auf. In unserem Bekanntenkreis weiß das trotzdem niemand; wir vorher ja auch nicht.

Nachricht am 13. Oktober 2017 in unserer deutschen Tageszeitung:

Ein Schafbock in Skaftárhreppur, dessen Hörner zu einem zusammengewachsen sind, hat es in Island zu Berühmtheit gebracht. Das Tier mit dem Namen Einhyrningur (Einhorn) sollte eigentlich geschlachtet werden, weil es für die Zucht ungeeignet war. Großer Protest habe das verhindert. Nun sei er für einen guten Zweck versteigert worden. Die Siedlung Skaftárhreppur ist Teil des Katla UNESCO Global Georparks, der wiederum zum Vatnajölull Nationalpark gehört. Der nächstgrößere Ort auf der Ringstraße ist Kirkjubæjarklaustur, oft abgekürzt Klaustur genannt. Warum wir dort nicht waren, ist später zu lesen.

Wale sind um Húsavik schon lange regelmäßige Gäste. Beim Bau des Flughafens 1969 fand man alte Walknochen im Boden, deren Altersbestimmung auf mehr als 10.000 Jahre zurückreicht. Die Experten schließen daraus, dass der Meeresspiegel damals deutlich höher als heute war. Nun, im Zuge der Klimaerwärmung ist dieser Zustand wieder zu erwarten.

Wir erfahren viel über die größten Tiere, die jemals unseren Erdball bevölkerten. Sie verfügen über die lauteste Stimme des Tierreichs, produzieren Niederfrequenztöne, die unter Wasser mehrere hundert Kilometer hörbar

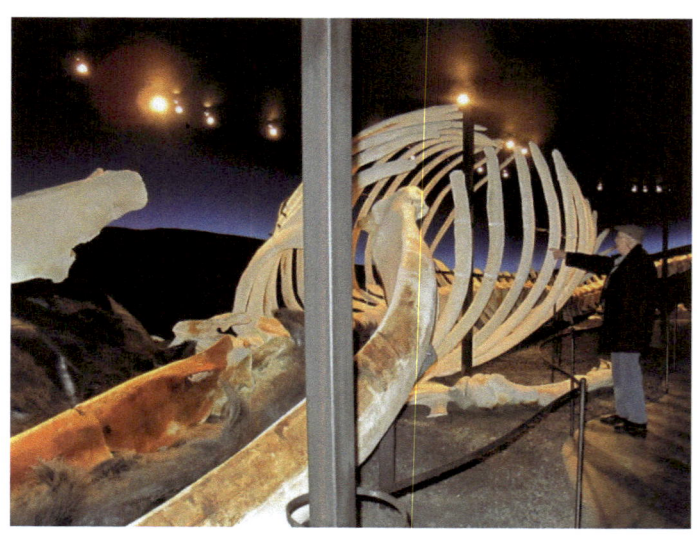

sind. Und sie sind in ihrem Bestand ernsthaft bedroht. Aber auch natürliche Ursachen beschädigen ihre Navigationsfähigkeit: topografische Anomalien, Wetterverhältnisse und Veränderungen im Magnetfeld der Erde. Untersuchungen zeigten, dass mache Küstenregionen häufiger zum Schauplatz von

Strandungen werden als andere. Vor allem sanft abfallende Strände und seichte Ufer reflektieren das Echo der ausgesandten Schallwellen unzureichend.

Den Hauptgrund für Strandungen aber bildet Schädlingsbefall. Zwar wirken in allen Walen eine gewisse Anzahl parasitärer Würmer, die helfen, die Stirnhöhlen von Schleim, überflüssigem Gewebe, Blut und Körperflüssigkeiten frei zuhalten. Ist jedoch das Immunsystems des Wals gestört, vermehren sich diese Würmer rapide, was zum Verkümmern des Gehörnervs führen kann. Auch Herz, Lunge und Gehirn werden in Mitleidenschaft gezogen.

Alle im Museum ausgestellten Skelette stammen entweder von gestrandeten oder in Netzen ertrunkenen Walen. Eine Dokumentation erklärt, dass man diese Skelette nicht einfach vom Fleisch befreien und trocknen könne, denn nach dem Tod des Wals verschwänden Knorpel, die die einzelnen Knochen des Skeletts miteinander verbinden und es beweglich halten. Beim Trocknen fallen also alle Knochen auseinander und müssen wie bei einem Puzzle erst wieder sortiert und zusammen gesetzt werden. Bis dann noch das Fett aus den Knochen gelöst ist – das dauert je nach Walart Monate bis zu zwei Jahren – verbinden Schrauben und Muttern aus rostfreiem Stahl die Knochen miteinander. Die ursprüngliche Knorpelmasse wird aus Pappmaché und Gips nachmodelliert.

Die Kirche

Sie steht vom Hafen aus im Mittelpunkt des Ortes und an der gleichen Straße wie das Walmuseum. Für isländische Verhältnisse ist die Architektur auf kreuzförmigem Grundriss ungewöhnlich. Die sichtbaren Schmuckbalken aus norwegischem Holz erinnern an Jugendstil und Art Deco; was Wunder: Sie stammt aus 1907. Mit dem 26 Meter hohen Glockenturm ist es eher ein Kirchlein. Wir setzen uns einen Moment hinein, bewundern die Orgel und das Kirchenfenster und hinterlassen eine kleine Spende.

Auf dem Rückweg zum Schiff beobachten wir zu, wie sich eine neue Walwatching-Gruppe in Neopren-Anzüge zwängt und Gummistiefel und Handschuhe erhält, als wollte sie zu einer Expedition aufbrechen. Vermutlich wird es sehr nass, wenn man sich mit Zodiaks zwischen die Giganten des Meeres mischt.

Keine Zeit bleibt, um den Húsavikfjiall, den Hausberg zu besteigen. Er ist mit 417 Metern relativ niedrig, aber auch hoch genug, dass man bis zur Insel Grimsey hinübersehen könnte. Besonders die Sonnenuntergänge in diese

Richtung werden als betörend beschrieben. Selbst, wenn wir jetzt ein Taxi nähmen, kämen wir mit einem normalen Auto nicht hoch. Und zu Fuß sind es zwei Stunden. Heute gibt es Mittagessen bereits um 11.45 Uhr, weil unser Ausflug um 12.30 Uhr beginnt.

Tjörnes heißt die Halbinsel, an deren Küste wir nun zur Ásbyrgi-Schlucht fahren. Luftlinie wäre zwar wesentlich kürzer, aber da gibt es keinen Weg. Wer nach uns hierher reist, trifft bei Húsavik auf eine der modernsten Siliziummetall-Produktionsanlagen der Welt mit angeblich hohen Qualitätsstandards, einem Investitionsvolumen von 265 Millionen Euro und einer Produktionsmenge von 32.000 Tonnen pro Jahr. Ziel sei die Rohstoffsicherung für Deutschland. Silizium wird unter anderem als Aluminium-Legierungselement gebraucht. Die Bundesregierung Deutschland unterstützt dieses Projekt. Siliziummetall stehe im besonderen staatlichen Interesse Deutschlands heißt es.

Gelbe Pfähle neben der Straße sind als Wintersicherung gedacht, damit man sieht, wie hoch der Schnee liegt. Schneit es mehr, kommt noch eine Stange obendrauf. Jetzt im Mai liegt weites, ödes Land vor uns. Wohnt hier überhaupt jemand? Die Überland-Stromleitungen lassen eigentlich darauf schließen. Tatsächlich sehen wir an einer Landspitze ein Haus in leuchtendem Gelb. Eine japanische Nordlicht-Beobachtungsstelle, die schon seit 30 Jahren existiert. Am Strand liegt ein wenig Treibholz herum. Holz. Das ist ein eigenes Thema auf Island. Nachdem die Wikinger die gesamte Insel abgeholzt hatten, um Schiffe und Häuser zu bauen, sich aber niemand um die Wiederaufforstung kümmerte, ist Holz auf Island auch heute noch eine Mangelware. Treibholz oder „Driftwood" wie es hier heißt, ist deshalb heiß begehrt. Wenn, dann kommt es von Sibirien angeschwemmt und wird schnellsten „entsorgt".

Ásbyrgi-Schlucht

Draußen, auf dem Grund des Öxarfjöðurs, verläuft der Versatz der Amerikanischen und der Europäischen Erdplatte, der sich an Land fortsetzt. Das ist das Ziel unserer Wanderung, zu der wir nun zu Fuß aufbrechen: die Ásbyrgi-Schlucht. Sie ist etwa 3,5 Kilometer lang und hufeisenförmig mit fast senkrechten, 100 Meter hohen Wänden. Wir kraxeln über große Steinblöcke auf ihren Grat und wandern auf arktischem Gras und vorbei an Blaubeerbüschen und Preiselbeerkissen. Überall zwischen den Lavawülsten wuchern Placken der künstlich angesiedelten Lupine, die wir schon kennen. Bekanntes und Unbekanntes: Girsch, Schafgarbe, Schnee-Enzian, wilde Stiefmütterchen, Veilchen, Bergheide, Thymian, stengelloses Leinkraut im zarten Rosa, verschiedener Steinbrecharten, Wacholderbeeren. Der Wind pfeift nicht schlecht und ich bin froh, leichte Handschuhe und eine Mütze eingesteckt zu haben.

Und dann ist der Weg geradeaus plötzlich zu Ende. „We have to jump", lästern wir und „America first". Darüber können unsere amerikanischen Mitreisenden überhaupt nicht lachen. Über die Entstehung dieser merkwürdigen Schlucht wird noch immer gemutmaßt. Erdverschiebungen vermutlich, zwei versiegte Wasserfälle? Die Schlucht sieht aus wie ein verlassenes Flussbett. Einen passenden Fluss gibt es drei Kilometer nördlicher, den Jökulsá, den der gigantische Gletscher Vatnajökull speist. Viele Fragezeichen. Auf- und Abstieg von dem Gratweg verlaufen wieder über große Lavaquader und Holzstege ohne Geländer. Ein paar Leute straucheln. Auch Bernhard kippt mal kurz aus den Latschen.

Wir müssen zurück. Die Ocean Diamond will mit uns um 17.00 Uhr ablegen. Weite 174 Seemeilen liegen vor uns bis an die Nordostküste und den Hafen Seyðisfjörður. Der Port-Talk um 17.45 Uhr bereitet uns auf das nächste Ziel vor. Die kleine Hafenstadt – etwa 650 Einwohner – liegt am gleichnamigen Fjord in der Region Austurland und ist von allen Seiten von über

1000 Meter hohen Bergen umschlossen. Sie ist auch Anlaufhafen der einzigen Autofähre, die Island mit den Färöer und Dänemark verbindet.

Beim Abendessen treffen wir in der Extra-Lounge wieder das Schweizer Paar. Es sieht so aus, als hätten sie auf uns gewartet. Wir reden über Fond-Kochen und über die sündhaft teuer gewordenen Egli-Fische. Die waren aber schon vor 40 Jahren sauteuer, obwohl sie schon damals aus Dänemark eingeführt wurden. Heute kommen sie aus der Ukraine, hören wir. Frau Bärli – so nennt sie ihr Mann Bruno – ist heute der Appetit nach Fisch vergangen. Als sie von ihrem Ausflug zurück kam, musste sie wohl durch eine übel riechende Fischwolke am Hafen laufen. Dieses Mal bestellen wir einen Malbec zu Viert. Frau Bärli verschwindet zwischendurch. Ihr ist wohl schlecht geworden. Sie kommt etwas blass im Gesicht wieder und bleibt bei Wasser. Herr Bruno arbeitet für Mercedes, so viel haben wir schon herausgefunden.

Mein Service-Täschchen ist weg. Ich habe es normalerweise immer bei mir; zuhause in der Handtasche und hier im Rucksack. Ich durchsuche meinen Rucksack einige Male, denn es ist immer ein Problem, ein schwarzes Etwas in einem schwarz gefütterten Rucksack zu finden. Mein Täschchen bleibt verschwunden. Es enthält zwar keine wertvollen Dinge drin, aber doch „a lot of usual things": Faltbrille, Lippenstift, Augengel, Taschenlampe, Minischraubendreher für die Brille, Brillenputztuch, Pflaster, Schmerztabletten. Sicher, das kann man alles wieder beschaffbar, aber nicht in einem Fischerort auf Island. An der Rezeption wurde auch nichts abgegeben. Inzwischen bin ich ziemlich sicher, das Täschchen im Netz vor mir im Bus vergessen zu haben. Friederike will sich kümmern und verbreitet Hoffnung: Denn, wir haben morgen den gleichen Fahrer. Ich kann mich an ihn erinnern: rotes Hemd, schwarze Schildmütze, Raucher. Ich sehe ihn zwar später am Rande des Speisesaals und gehe noch einmal zum Lost-and-Found-Schalter. Nichts.

Gegen 20 Uhr kommt der Kapitän im Speisesaal vorbei und gibt allen einen Kümmelschnaps im Plastikbecher aus. Grund: Soeben hätten wir den Polarkreis überquert. Der anschwellende Wellengang verspricht trotzdem keine ruhige Nacht.

Isländisches Infotainment mit Arndis

Der bereits einmal ausgefallene Arndis-Abend wird heute um 21.30 Uhr nachgeholt, auch wenn es wieder schwankt und rumort. Während sie eine wirklich zauberhafte Island-Show mit Gesängen, Storys und Landschaftsaufnahmen abliefert, zittern die Beamer-Bilder auf der Leinwand schon beträchtlich. Auch Arndis klemmt sich immer wieder an einer Säule fest, um durch die heftigen Schiffsbewegungen nicht umgeworfen zu werden. Sie singt wunderschön. Es ist ein Privileg, dass sie hier für uns als Reiseleiterin arbeitet, uns umsorgt, anstatt auf einer Bühne gefeiert zu werden wie eine Diva. Sie erhält frenetischen Beifall. Ihr Isländisch klingt wie tausend Geschichten.

Draußen rumst es mordsmäßig. Das Schiff kämpft sich durch das Eismeer. Wir registrieren fünf Meter hohe Wellen und mehr. Den Videofilm „papa ante portas" sehen wir mit viel Bauchgrummeln. Aber er lenkt ab. Danach knien wir auf dem Bett und blicken auf die peitschende See. Im Deck über uns bumst etwas, als sei jemand mitsamt Stuhl umgefallen. Das Schiff knallt und kracht, als würde es über ausgelegte Bahnschwellen reiten. Auf der Landkarte sehen wir, dass die nordöstliche Ecke von Island noch nicht umschifft ist. So lange müssen wir wohl die Wellenberge des Nordatlantiks ertragen. Mir ist kotzelend.

Unter der Tür wird ein Umschlag durchgeschoben. Es sind die Beglaubigungen, dass wir beide den Polarkreis überquert haben. Ein Extrablatt bereitet uns darauf vor, dass man uns das Trinkgeld pauschal abbuchen werde: zwölf Euro pro Tag fürs Hotelpersonal und vier Euro für das Expeditionsteam. Wir dürfen ankreuzen, ob und wie viel wir mehr geben möchten.

Was für eine Nacht. Im Kopf habe ich ein Lied aus meinen Kindertagen: „Am 30. Mai ist der Weltuntergang, da le'm mer nimmer lang, da le'm mer nimmer lang …" Um 2.30 Uhr machte es klirr, weil unsere (leere) Weinflasche vom Sideboard gefallen war. Sie ist ganz geblieben. Die zwei Weingläser haben es nicht überlebt. Also klauben wir in der Hocke Splitter für Splitter aus dem Teppichboden.

Draußen auf dem Meer dröhnt es. Ich komme mir vor wie mit einem Schaukelstuhl in der Achterbahn. Das sind Weltuntergangsgeräusche und -gefühle. Immer wieder kracht das Schiff wie auf einen großen Balken im Meer. An so etwas hatten wir in keiner Weise gedacht, als wir diese Schiffsreise gebucht hatten.

Seyðisfjörður

Wir liegen direkt neben der Autofähre. Wenn die wieder abfährt, will der Kapitän das Schiff dorthin verlegen, weil es dort ruhiger liegt. Draußen regnet es Hunde und Katzen und es stürmt, als hätten wir gestern unseren Teller nicht leer gegessen. Eine Gruppe fährt heute zur Seehundbeobachtung vom Pferderücken aus. Riecht nasses Pferd so ekelig wie nasser Hund? Die zweite Gruppe will eine Mineraliensammlung und ein Kriegsmuseum besichtigen. Auch gut. Wir hatten uns für Natur entschieden. Wer konnte auch ahnen, dass wir heute auf ein Wetter treffen, an dem man den Hund in den eigenen Garten pieseln lässt.

Am Morgen springe ich schnell in den Bus und suche nach meinem Täschchen. Nichts. Da winkt mir Bernhard mit dem Teil zu. Nachdem Friedrike den Fahrer gefragt hatte, habe er es ihr gegeben. Spontan will ich einen Finderlohn aus dem Geldbeutel holen, komme aber ins Grübeln. Warum hat er das Täschchen nicht gleich beim Lost-and-Found-Schalter abgegeben? Warum musste er erst gefragt werden, ob er etwas gefunden habe? Die im Täschchen befindlichen Utensilien wären unverkäuflich gewesen. Alles benützte Teile.

Naturreservat Skalanes

Heute fahren wir in das Skálanes-Naturreservat am Fjordausgang. Oli (neu) und Hermann begleiten uns. Es geht nur ein kurzes Stück in die Berge, während dem wir von Hermann mehr Wissenswertes über Seyðisfjörður erfahren. Die ersten Siedler waren Dänen und man betreibt heute noch Fischfang mit Hering, Kabeljau und Wal. Es gibt ein Kino, eine Bibliothek, ein Gesellschaftsheim, Krankenhaus und – wie überall – ein Schwimmbad. Die Grundschule wurde wie ein Ikea-Baukasten in Einzelteilen aus Norwegen geholt und hier zusammengebaut. Alle zehn Jahre ändert sich hier wirtschaftlich etwas. Läuft der Fischfang gut, vernachlässigt man die Häuser. Geht der Fisch zurück, kümmert man sich wieder mehr um die Häuser. So richtig gut geht es den Einheimischen wohl nicht. Viele Menschen haben ihren Arbeitsplatz in den Fischfabriken verloren, weil ihre Arbeit jetzt Maschinen erledigen.

Draußen sehen wir kleine Birken; nicht höher als zwei Meter und doch schon zehn bis 15 Jahre alt. Dazwischen Lupinen-Polster zum Fixieren und Düngen des Bodens. Speziell die Alaska-Lupine gibt reichlich Stickstoff in die Erde ab. Irgendwann siedelte sich Wiesenkerbel an. Niemand weiß, woher. Die Natur hilft sich eben meistens selbst.

Dann müssen wir in eine Art hochbeinigen Amphibienbus aus dem Jahr 1995 umsteigen. Darin gibt es nur das Nötigste. Ole muss ständig die innen beschlagenen Scheiben mit einem Lappen freiputzen. Es ist so, wie befürchtet: Wir fahren mit dem Bus durch drei reißende Bäche, auch noch an Stellen, wo sich das Wasser wie in einen Wasserfall wirft. Draußen regnet es seit

Stunden in Strömen, das hat die Bäche zusätzlich anschwellen lassen. Wir vertrauen darauf, dass der Fahrer da vorne schon weiß, was er tut. Außerdem: Was sollten wir tun? Zu Fuß kämen wir erst recht nicht weiter. Also überspielen wir unsere Sorge mit der uns angesteckten Begeisterung und johlen mit, wenn die Reifen in den rutschenden Kies eiern. „Et kütt wie et kütt. Und et ist noch immer jut jejangen."

Thorarinsstadir

Wir machen Halt an einer Ausgrabungsstätte. „Þórarinstaðir" (Thorarinsstadir) ist ein Beispiel frühchristlicher Begräbniskultur im frühmittelalterlichen Europa. Der 1998 bis 1999 ausgegrabene Kirchenort ist ehemaliges Wikinger--Siedlungsgebiet. Die Kirche, von der freilich nichts mehr zu sehen ist, war eine Vorstufe der aus Norwegen bekannten Stabkirche aus Holzpfeilern. Mit 4,8 mal 2,7 Metern inklusive Chor eine sehr kleine Ausführung. Die Pfosten aus Treibholz: Sibirische Lärche, Schottenkiefer, Schweizer Kiefer und Fichte, was eben so aus Sibirien herüberschwamm. Es gab einen Altarstein aus grünem Porphyr, ein Sammelbegriff für vulkanisches Gestein mit grobkörnigen Quarzeinschlüssen. Und auch mal wieder eine Elfen-Geschichte ist dazu überliefert. Ursprünglich habe das Kirchlein an der Südseite des Fjords gestanden. Elfen hätten sie über den Fjord an die Nordseite getragen, weil auch sie in die Kirche gehen wollten. Soso. Ein paar Pfosten markieren einen mit Gras überwachsenen Begräbnisplatz aus heidnischer Zeit. Damals wurden die Leute in Embryo-Stellung bestattet.

Wir „reiten" weiter durch Berglandschaften zum „Nature and Heritage Center", ein Gebiet von 1250 Hektar. Das Forschungszentrum verschrieb sich 2005 nicht nur dem nachhaltigen Tourismus, sondern auch der Erforschung von Umwelt und Kulturgeschichte Islands. Jedes Jahr kommen an die 100 Studenten mit ihren Professoren aus Reykjavik zum Außenstudium. Derzeit versucht man, eine 3-D-Animation von dem Landschaftsschutzgebiet anzufertigen, um die stetigen Veränderungen dokumentieren zu können. Zusätzlich zu den vielen Ehrenamtlichen sind sieben Naturschützer festangestellt. Sie wohnen dann zu-

sammen mit den Helfern und Studenten in dem größeren Schutzhaus zusammen, eine Art Jugendherberge, wo sie sich selbst versorgen.

Mit dürftigem Regenschutz springen wir über Pfützen und Bäche in jenes Haus, wo ein gemütliches Kaminfeuer prasselt. Auf dem Tisch stehen Kaffee, Tee und ein Platte mit Schnittchen mit Matjes, Gravard Lachs und Lammschinken auf Roggenbrot. Später kommt noch ein Roggen-Streuselkuchen dazu. Ein paar Freiwillige seien immer da, um neben ihren Studienobjekten auch im Haus mitzuhelfen.

Einige von uns unternehmen eine Wanderung zur Vogelklippe. Es regnet wie aus Gießkannen, deshalb bleiben wir lieber am Kamin sitzen. Als die Wanderer wiederkommen, können sie ihre Hosen auswringen wie einen Waschlappen. Auch Goretex hat nichts genützt; das Wasser lief von oben in die Schuhe. Viel gesehen haben sie nicht. Bei schönem Wetter hätte sich das schon eher gelohnt. Denn während der Sommermonate nutzen rund 50 unterschiedliche Vogelspezies das Areal als Lebensraum. Auch kommt man hier den nistenden Eider-Enten nahe. Einige watscheln sogar rund ums Haus.

Bernhard sucht auf seinem Smartphone, wo wir uns befinden. Wir sind etwa 13 Kilometer vom Hafen entfernt. Wir sind überzeugt, dass es einen zweiten, weniger spektakulären Weg gibt, auf dem man nicht durch die Bäche fahren muss. Wir sahen Radler. Außerdem steht ein normales Auto vor der Hütte. Aber nein, es gibt keinen anderen Weg. Die Radler kamen von woanders her. Und das Auto muss warten, bis der Regen nachlässt und das Wasser in den Bächen fällt. Wir fahren also den gleichen abenteuerlichen Weg zurück. Hermann übersetzt unseren Ortsnamen Reinheim auf Isländisch: Hreint heimili. Nett!

Seyðisfjörður am Nachmittag

Die Ocean Diamond liegt nun am Fähren-Kai und darf dort auch liegen bleiben, weil die „Norröna" erst am Dienstag wiederkommt. Wir genießen das Mittagessen und haben den Nachmittag zur freien Verfügung. Also erst mal ein kleines Mittagsschläfchen; wir sind ja schließlich im Urlaub. Der Regen hat aufgehört, wenngleich die Sonne noch nicht richtig durchdringt und ein Nebelfeld unter ihr wabert. Vom Schiff aus hatten wir schon die hübsche blaue Kirche entdeckt. Die Akustik sei so gut, dass hier auch Konzerte stattfinden.

Wir finden einen Supermarkt und laden erst einmal Bargeld am Kassenautomaten nach. Wir suchen und finden Isländische Schokolade in verschiedenen Geschmäckern, auch Lakritzschnecken in der Art wie Haribo Colorado. Zwei kleine Boutiquen bieten Niggeliges als Souvenir an; hübsche Dinge, die im Grunde aber nur Deko sind und dann herumstehen. Bernhard, 25 Jahre lang polytechnischer

Fachjournalist, zieht es natürlich ins angepriesene Technikmuseum. Das liegt über einen Kilometer weg vom Stadtzentrum. Also los. Erst sehen wir die großen Lettern an einer Fabrikhalle und suchen den Eingang. An einer unscheinbaren Glastür hängt ein Schild: Closed. Toll. Enttäuscht trotten wir den gleichen Weg wieder zurück.

Endlich kommt die Sonne raus. Zögernd lupft sie den nassen Wolkenvorhang, der wie ein breiter Schal über der Ocean Diamond lag. Ich lasse Bernhard stehen und laufe nochmals die Sträßchen um die blaue Kirche ab, um ein paar Fotos zu wiederholen. Sie leuchtet wie eine Verheißung. Und auch die bunten Häuschen in der angrenzenden Straße sehen jetzt viel hübscher aus. Zurück auf dem Schiff blicken wir gegen 16.00 Uhr fassungslos aus dem Kabinenfenster. All überall gleißende Sonne, als habe es diesen verregneten Vormittag im Naturschutzgebiet nie gegeben.

Islands Fischerei

Der Vortrag um 17.15 Uhr bringt mir die Fischnation etwas näher. Zugegeben: Ich kaufe selten Alaska-Fischfilet, weil der nur gefroren zu uns kommt. Aber Fisch – siehe mein Name – interessiert mich prinzipiell.

Island ist nach Norwegen die zweitgrößte Fischerei-Nation und Fisch sei das wichtigste Wirtschaftsgut, hören wir. Etwa 150 Fischarten werden gefangen und weiterverarbeitet, auch Trockenfisch für Spanien. Klar: Baccalao. Das machen die Fischer auf den Lofoten auch.

8.000 Menschen arbeiten in der Fischwirtschaft; das sind 4,3 Prozent aller Beschäftigten. Weltweit liegt Island auf dem 18. Platz und liefert 1,5 Prozent des weltweiten Fangs. Island ist jedoch innerhalb der Europäischen Union mit 70 bis 80 Prozent Marktführer. 1.663 Fangschiffe sind unterwegs, 758 Maschinenschiffe, 46 Trawler. 85 Prozent des jährlichen Fangs managen die fünf größten Firmen. Die wichtigste Sorte Kabeljau wird erst ab 55 bis 90 Zentimeter Länge gefangen; der meiste an der Südwestküste, also rund um Reykjavik. Der längste je gefangene Kabeljau maß 186 Zentimeter und war 17 Jahre alt.

Das Wetter macht uns einen Strich durch die Rechnung.

Der anschließende Port-Talk über Djúpivogur fällt aus. Wir erfahren, dass die Route auf Grund von Wetterverhältnissen geändert werden müsse. Eigentlich wollten wir um Mitternacht die Anker lichten für die gar nicht mal so lange Weiterfahrt von 64 Seemeilen nach Djúpivogur. Doch der angekündigte Sturm würde uns zu stark in den Fjord Berufjörður treiben und nicht wieder herauslassen. Der Kapitän entscheidet, dass wir heute Nacht liegen bleiben, erst morgen Mittag starten und dann gleich 266 Seemeilen bis zu den Westmänner-Inseln durchfahren.

Djúpivogur könnte ich ja verschmerzen. Es soll zwar ein „bezauberndes" Fischerdorf mit bunten Häusern sein, aber damit fällt auch der Ausflug zu der legendären Gletscherlagune aus, eine der herausragenden Sehenswürdigkeiten Islands am Südrand des Vatnajökull. Kein Islandkalender oder Bildband erscheint ohne diese faszinierenden Fotos von treibenden Eisbergen in der himmelblauen Lagune. Aber was soll man machen. Vor Gericht und auf See sind wir in der Hand Gottes. Und der Kapitän wacht darüber, dass der Liebe Gott nicht mehr zu tun bekommt, als nötig.

Das Alternativprogramm ist auf den ersten Blick nicht prickelnd. Es werden Zodiak-Ausflüge angeboten und die Besichtigung des ersten Drehstrom-Kraftwerks Islands aus 1913. Danach wollen Arndis und Orvar, unsere beiden Opernsänger, zusammen mit Ingimar Pálsson ein Konzert in der Blauen Kirche ausrichten; das versöhnt ein bisschen, denn die beiden singen wirklich gut. Wir sind zwar ein wenig zerknirscht. Aber so kann es einem ergehen auf einer Schiffsreise. Die letzte Sturmnacht hängt uns sowieso noch in den Knochen.

Frau Bärli und Herr Bruno

Abendessen wieder mit den Schweizern. Wir wissen noch immer nicht, wie sie heißen, außer seinen Vornamen und ihren Nicknamen. Also bleiben wir neutral, auch wenn sie unsere Namen wissen, angeblich, um sich unsere Schweiz-Bücher zu kaufen. Er erzählt, dass er gestern Abend im Sturm seine Brille eingebüßt habe, als er den Kapitän auf der Brücke besuchen wollte, was uns allen gestattet ist. Sie bemerkt meinen grauen Blazer, von der spannenden Suche beim Kauf ich irgendwann erzählt habe, weil mich ein Versender über Wochen hängen ließ und ich ausgerechnet diesen einen grauen Blazer wollte. Heute reden wir über Truthahn, Nachbarn, Einladungen und Rom. Erstaunlich, wie wir vier uns ergänzen. Ich habe allerdings Mühe, ihre raue Stimme zu verstehen. Freilich habe ich sie vorher rauchen gesehen, bin aber unsicher, sie deshalb nach der Stimme zu fragen. Ich habe Sorge, ich könnte eine schreckliche Diagnose zur Kenntnis nehmen müssen.

Endlich habe ich meinen Bruder Karl angerufen. Er lebt. Schon mehrere Monate verbringt er in Krankenhäusern mit Lungenkrebs und etlichen Metastasen. Er habe auch die zweite Chemotherapie gut verkraftet, erzählt er mir. Ich bin beruhigt, aber fürchte mich schon wieder vor dem nächsten Anruf, dass man mir nur noch seinen Tod mitteilt. Zwei Monate später ist er gestorben.

Wir haben uns als Abendprogramm wieder ein Loriot-Video geholt: Ödipussi. Uralt. Noch nie gesehen. Wir liegen auf unserem Bett. Das ist eben Urlaub: Leben im Schlafzimmer. Die ständige Ruhe ist ungewohnt für uns. Kein Radio. Keine Fernsehnachrichten. Kein Telefon. Zwischendurch ruft die Maid von der Rezeption an, dass sie Bernhards GiroCard nicht zum Laufen bekomme. Ich verspreche, ihr am nächsten Morgen meine VisaCard zu bringen.

Gegen 23 Uhr verlegt der Kapitän das Schiff. Wir schauen uns das auf dem Observations-Deck an. Danach haben wir noch Lust auf ein Glas Wein in der Club Lounge. Zwei gelangweilte Kellner springen erst an, als wir „Have you closed?" fragen. Die sonst obligatorischen Nüsschen oder Knabbereien werden nicht gereicht. Macht sowieso nur dick.

8. Tag, Donnerstag, 1, Juni 2017

Es war eine ruhige Nacht im Hafen. Die Dänemark-Fähre ist weg. Nach dem Frühstück gehe ich mit meiner Visa zum Desk. Die Dame ist erleichtert, als sie sie testet: „Yes, it works". Mit 3.000 Euro müsste sie eigentlich ausreichen bestückt sein. Es sind immerhin alle Ausflüge, die mit rund 1400 Dollar zu bezahlen sind, dann je Abend eine Flasche Wein für 30 oder 35 Dollar; dazu die Trinkgelder…könnte gerade reichen, nachdem Visa meistens auf ein Limit von 2.500 Euro besteht.

Dann kommt die Durchsage, dass die Zodiak-Touren wegen der Windverhältnisse abgesagt sind. Es regnet mal wieder und nicht zu wenig. Aber der Busshuttle wird uns ins Kraftwerk bringen, damit wir nicht vor Langeweile sterben. Man hätte auch zu Fuß gehen können, aber es regnet aus sämtlichen Himmelslöchern. Meine seit vielen Jahren verehrte und fälschlicherweise hochgelobte Klepperjacke Marke „Waterproof" nässt durch bis auf die Haut. Toll. Ich werde sie zurückgeben. Sie hat fünf Jahre Garantie.

Das Kraftwerk

Diese Anlage markiert einen Wendepunkt in der Geschichte der isländischen Elektrifizierung. Bis dahin hatten viele Bauern ihren eigenen Generator. Doch der Bedarf, der durch den Boom der Fischerei entstand, war damit nicht zu decken. 1906 erforschte der Ingenieur General Thorvald Krabbe die Möglichkeiten des elektrischen Blitzes und wie mit der Kraft des Flusses Fjarðara Strom zu erzeugen sei. Es gab damals schon mehrere technische Mög-

lichkeiten. Die Ratsversammlung von Seyðis-fjörður entschied sich am 15. Oktober 1912 für eine Lösung der Firma Siemens-Schuckert, damals schon mit einer Zweigstelle in Kopenhagen. Da im Berliner Werk aber bereits der isländische Ingenieur Gudmundur Hliddal arbeitete; schickte Siemens ihn nach Island, um das Projekt zu beaufsichtigen.

Erst baute man einen Damm über dem Bauernhof Fjarðarsel, dann eine 500 Meter lange Pipeline von 46 Zentimeter Durchmesser zum Kraftwerkshaus und installierte einen 75 PS-Wechselstromgenerator. Die 3.000 Volt, die das Kraftwerk erzeugte, transformierte man

für den häuslichen Gebrauch auf 208 Volt und 120 Volt. Für die Kleinstadt wurden fünf Spannungsregler installiert. Fertig war das erste Hochspannungs-Wechselstromsystem Islands. . Am 13. Oktober 1913 wurden die elektrischen Lichter in der Stadt eingeschaltet.

Wassermangel im Winter führte zu Problemen in der Stromversorgung. Deshalb errichtete man 1946 einen weiteren Damm, um die Wasserreserven und die Kapazität des Kraftwerks zu erhöhen. Dieser Damm staute das Wasser um drei Meter und erhöhte das Volumen des Sees um 1,7 Millionen Kubikmeter. Später wurde das Kraftwerk mit einem weiteren Kraftwerk auf dem Fluss Grimsa zusammengekoppelt. Wir steigen durch das ganze Kraftwerkhaus und sehen die Generatoren, alte Gerätschaften, eine Holztafel mit alten Schraubenschlüsseln der Firma J.M. Voith, Heidenheim aus 1913, Fotos der ersten Pioniere, das alte Büro, Urkunde und Rechnungen. Ja, interessant!

Konzert in der Blauen Kirche

Der Bus hat uns — so nass wie wir alle sind — zur Kirche gefahren, wo sich unsere tropfende Nässe auf dem Boden verteilt. Es ist ein hübsches Kirchlein mit einer weiß lackierten Holzempore, blauen rundgeschwungenen Innendachgauben und einem dunkelblauen Deckenhimmel. Trotz widriger Umstände und klammen Klamotten machen wir es uns bequem wie in einem Konzertsaal. Was uns Arndis und Orvar als Soli und Duette bieten, kann sich hören lassen. Es sind isländische Weisen und dann auch ein paar Operettenmelodien, die in dem akustisch hervorragenden Kirchenraum toll herüber kommen. Da vergessen wir die

verregnete Welt da draußen, auch die Routen-
umstellung, die verpasste Gletscherlagune und
bewundern die beiden, die zusammen mit dem
Pianisten Ingimar ihr Allerbestes geben. Man

muss wirklich anerkennen, wie geschickt die Reisecrew Unzulänglichkeiten überbrückt, für die sie keine Verantwortung übernehmen kann.

Zeit, um Arndis optisch ein bisschen genauer unter die Lupe zu nehmen. Zum schlanken Oberkörper hat sie ausladende Hüften; sicher ein Schönheitsideal für viele Völker. Dass sie bei Jacken stets nur den obersten Knopf schließt, verstärkt diese A-Kontur. Dazu trägt sie häufig eine Umhängetasche, die so lang ist, dass sie die breiteste Stelle ihrer Hüften zusätzlich betont. Besonders von der Seite erinnert ihre Gestalt an einen wunderschönen Centaur mit langen schwarzen Haaren und ich ertappe mich dabei, dass ich instinktiv das zweite Beinpaar suche.

Während wir uns zum Mittagessen niedersetzen, legt die Ocean Diamond ab. Es liegen unglaublich lange 266 Seemeilen vor uns. Das Ziel heißt Westmänner Inseln, im Süden Islands. Ich trockne meine Jacke mit dem Föhn.

Abreise-Infos

Der Port-Talk in der Main Lounge um 13.30 Uhr ist heute eine Pflichtveranstaltung. Es geht schon um die Ausschiffung am übernächsten Tag in Reykjavik. Unsere Koffer sollen bereits um 7.00 Uhr vor der Kabinentüre stehen und zwar mit farbigen Aufklebern; denn einige

Passagiere reisen sofort ab, andere reisen weiter oder bleiben noch ein paar Tage in Reykjavik. Wir gehören zu der „gelben" Gruppe, die am Ausschiffungstag den Ausflug „Goldener Circel" gebucht haben, eine Rundreise zu den Sehenswürdigkeiten rund um die Inselhauptstadt.

Die Pässe werden wir nach dem Frühstück in Reykjavik zurück erhalten. Nach dem Verlassen des Schiffs hat jeder sein Gepäck am Kai in Empfang zu nehmen; wir werden es zu dem Bus bringen, der uns tagsüber begleitet und abends ins Hotel bringt. Wir erfahren, dass dies eine sehr kurze Nacht sein wird; denn um 4.00 Uhr morgens werden wir abgeholt.

Westmänner Inseln

Der zweite Port-Talk bereitet uns vor für die Westmänner Inseln, Isländisch „Vestmannaeyjar", unser Ziel am nächsten Morgen, so wir glücklich durch diesen stürmischen Nachmittag und erst Recht durch die Nacht kommen. Galgenhumor.

Die Westmänner Inseln bestehen aus 30 Felszacken, Schären und Inseln, schreibt Baedeker, Bewohnt ist praktisch nur die größte Insel Heimaey mit steil abfallenden Felswänden, in denen Millionen von Seevögeln brüten. Erst vor etwa 10.000 Jahren tauchten die Inseln aus dem Atlantik als Folge von submarinen Vulkanausbrüchen auf; die letzte erschien 1963, ausgestoßen von einem Vulkan in 130 Metern Tiefe. Man benannte sie nach dem nordischen Feuerriesen Surtur, der laut der Sage Edda die Welt in Brand stecken wird.

Zwei Ereignisse brachten die Westmänner Inseln in die Schlagzeilen der Weltpresse. 1973 öffnete sich auf Heimaey auf dem Berg Helgafjell ohne Vorwarnung eine rund zwei Kilometer lange Felsspalte und ergoss gewaltige Lavamengen, die auf Hafen und Stadt zuliefen und ein Drittel der Insel überdeckten. Sechs Monate lang floss die Lava, die auf Island so dünnflüssig wie Wasser ist, und übergoss 400 Häuser. Nur durch Pumpen, die mit Seewasser den heißen Lavastrom kühlten und zum Erstarren brachten, wurden ein Drittel des Dorfes und der Hafen gerettet. Danach war die Insel, die damals 11,2 Quadratkilometer groß war, zusätzlich um 2,2 Quadratkilometer gewachsen. Noch im gleichen Sommer kehrten 2.000 der eiligst Evakuierten 5300 zurück auf die Insel. Heute leben hier wieder über 4.000 Einwohner.

Ich kann mich an dieses Ereignis nicht erinnern, vermutlich, weil Fernsehnachrichten damals noch weniger Außenreportagen zeigten und schon gar keine aktuellen Ereignisse, deren Filmmaterial vermutlich erst mit einem Flugzeug ins deutsche Studio hätte gebracht werden müssen. Heutzutage würde sofort ein Korrespondent von Norwegen oder Dänemark hinfliegen oder die Isländer ließen eine Drohne über der Lava aufsteigen und aktuell berichten.

Free Willy

Das zweite Ereignis war in den Medien prominenter, vor allem im Kinofilm. Die Rede ist von „Free Willy", dem Orca Keiko, der nach 20 Jahren aus einem engen amerikanischen Meeresaquarium befreit und ausgerechnet in der Klettviksbucht bei Heimaey in die Freiheit entlassen wurde. Eine eigens gegründete Stiftung begleitete das Experiment mit vielen Millionen US-Dollar. Weil er nicht mehr gewohnt war, sich selbst zu versorgen, wurde er erst umhegt und gefüttert wie in einem Restaurant. Schließlich schwamm er aber doch aus der Bucht und Richtung Norwegen, wo er im Dezember 2003 – von implantierten Sendern überwacht - an einer Lungeninfektion starb.

14.45 Uhr: Vortrag „Siedlungsstruktur von Island" durch den Professor. Angeblich würden die Isländer an Einwohnern zunehmen. 2,15 Kinder pro Frau, 40.000 Ausländer, viele Polen. Interessant die Fakts, aber langweilig rübergebracht. Das liegt vermutlich an seinen vernachlässigten Deutschkenntnissen, dass er sich an seinen Folien festklammert und sie nahezu eins zu eins abliest. Schade. Nichts gelernt. Gut geschlafen.

Besuch auf der Brücke

Es wird Zeit dafür, stellen wir fest, der Brücke einen Besuch abzustatten, wie es allen Passagieren offeriert wurde. Weil es draußen stürmt und regnet, probieren wir es über Deck 6, lassen uns aber von einem Zutritts-Verbotsschild für Nichtautorisierte abschrecken. Zwei weiteren Passagieren ergeht es auch so, dass sie keinen verbotenen Weg nehmen wollen. Also doch Kapuze drüber und über die Außentrep-

pe von Deck 7. Der Kapitän ist nicht da; dafür die zwei Leutchen aus Deck 6. Die haben sich doch getraut. Drei Leute Besatzung laden uns sofort zu einem Kaffee ein und erklären uns alles. Ich darf auf dem erhöhten Ausguck-Platz sitzen. Mehrere Monitore zeichnen den Weg des Schiffs, die Konturen der Küste und auch kleinerer Fischkutter in der Nähe. Von den 266 Seemeilen haben wir noch 200 vor uns.

Wir tasten uns – nun doch über die Tür in Deck 6 – zurück in die Club Lounge auf Deck 4. Wie besoffen hangeln wir von Handlauf zu Handlauf; denn das Schiff reitet über starke Wellen und neigt sich von Rechts nach Links und gleichzeitig von Vorne nach Hinten. Während sich Bernhard ein Stück Schokotorte auflädt, begnüge ich mich – ich schmecke das Mittagessen noch - mit einem trockenen Keks. Viele verschiedene Teesorten stehen bereit, um sie selbst aufzubrühen. Wir sind schon seit ein paar Tagen bei Orange + Spice und Zitrone + Ingwer. Den Cocktail des Tages – Whiskey sour – verschmähen wir wie immer.

Abendessen. Schon gewohnheitsmäßig treffen wir uns mit den Schweizern, plaudern und leeren gemeinsam eine Flasche Malbec. Das Dessert wurde als Überraschung auf Decke 4 angekündigt. Man will uns wohl milde stimmen wegen der geänderten Route, mutmaße ich. Immerhin ein ganzer Tag Sehenswürdigkeiten von Island verschenkt. Aber schuld ist nur Petrus und er wird wissen, warum.

Süßes Tagesende

Auf Deck 4 erwartet uns um 20.30 Uhr wirklich eine Überraschung. Wir werden mit einem Cocktail empfangen und mit einem sicher fünf Meter langen Dessert-Buffet, das sich von der

Rezeption bis zur Club Lounge ausbreitet: Torten, Cremes und Cremeschnittchen, Petit Fours, Sahne-Kreationen, Schoko- und Obsttörtchen, duftige Gebilde aus Zuckermasse, Geleefrüchte und alles, was ein Süßmäulchen liebt. Anstatt Cocktail bitten wir um ein Glas Rotwein; das will man uns erst verweigern. Dann kommt der Restaurantchef und staucht einen Kellner zusammen, so dass wir unseren Wein erhalten. Er steht allerdings hinterher auf unserer Rechnung.

Wie zu erwarten war, ist die Nacht unruhig. Es schüttelt uns in unserem Bett herum, dass wir uns am liebsten anschnallen würden. Ob wir der Reederei eine Anregung dafür geben? Angestrengt versuche ich, den begonnenen Island-Krimi weiter zu lesen. Er spielt in Akureyri und ist wirklich spannend. Aber es mangelt an Konzentrationsfähigkeit, denn die Schiffsbewegungen lenken meine Gedanken ab. Gott sei Dank sind wir nicht seekrank, aber Magen und Darm legen sich schon in die Kurven.

In der Nacht werde ich wach, weil ich meine, dass das Schiff bei jeder Bewegung seufzen und ächzen würde. Es klingt, als würden sich alle Verbindungen zwischen Boden, Wänden und Decke in Auflösung befinden. Wenn man ein Möbelstück dermaßen knetet und aus dem rechten Winkel drückt, müssten sich alle Schraubverbindungen lösen. Erschreckt komme ich auf die Idee, dass der Schrank auf unser Bett fallen und uns erschlagen könnte. Bernhard schläft. So bleibe ich mit meinen Horrorszenarien alleine.

9. Tag, Freitag, 2. Juni 2017

Die See liegt ruhig, als wir erwachen. Aber wir liegen noch nicht im Hafen. Und das ist auch gut so, erfahren wir später; denn die Einfahrt nach Heimaey ist spannend und aufregend zugleich. Während wir frühstücken, nähern wir uns also unserm Ziel.

Die Westmänner Inseln

Der Name stammt von den Iren. Irische Sklaven töteten angeblich den Stiefbruder des Wikingers Ingólfur Arnarson, jener Norweger, der als erster Island betrat und die Besiedlung initiierte. Die Mörder flüchteten mit dem Boot auf die vorgelagerten Inseln, wo sie Ingólfur aufspürte und blutige Rache nahm. Seit dem werden diese Inseln als Westmänner-Inseln bezeichnet, also die Inseln, wohin die Iren, die Westmänner, geflüchtet waren.

Das Schiff nimmt nun Kurs auf den Hafen von Heimaey, der noch gar nicht zu sehen ist, weil ein riesiger Felsberg wie ein Schrank davor liegt und umschifft werden muss. Seezeichen markieren die Fahrstraße. Wir stehen alle an Deck und fotografieren das Schauspiel der Hafeneinfahrt. Dünner Nebel zieht einen feinen Vorhang vor die Kulisse, die anfangs nur schemenhaft zu erkennen ist. Dann sehen wir in der Ferne die weiße Fähre nach Reykjavik kommen und wieder hinter einer Felswand verschwinden. Das lässt ahnen, dass es hier eine richtige Zick-Zack-Passage in den Hafen gibt. Man darf ja auch nicht vergessen, dass sich solche Vulkaninseln nicht kerzengerade in die Höhe erheben, sondern dass der Untergrund die Ausläufer eines unterirdischen Gebirges sind.

Etwa eine Stunde dauert diese vorsichtige Passage, in der sich die Ocean Diamond unter

Assistenz eines Lotsenbootes vorsichtig in den Hafen tastet. In ihm wimmelt es von kleineren Containerschiffen und Fischkuttern. Wir sind der größte Brocken und sehen etliche Zuschauer, die uns neugierig beäugen. So etwas wie wir kommt nicht täglich.

Heimaey ist nur durch eine Fähre und einen Heimatflieger mit dem Festland verbunden. Es gibt keine Brücke und keinen Tunnel. Die Bewohner leben hauptsächlich vom Fischfang und von Golfgästen. Der Flughafen und der Golfplatz nehmen einen Großteil der Inselfläche ein.

Pompeji des Nordens

Ein Bus holt uns ab für die Tour, die „Pompeji des Nordens" heißt. Beim Auschecken erlaube ich mir einen Test. Ich halte statt meiner Cruise Card Bernhards an den Scanner; sein Bild erscheint. Keine Beanstandung. Bernhard macht das Gleiche mit meiner Cruise Card. Keine Beanstandung. Daran merken wir, dass zwar registriert wird, welche Karte das Schiff verlässt oder betritt, aber im Grunde könnte auch ein Attentäter mit Schnurrbart mit meiner Card ein- und ausgehen, ohne dass das zum aktuellen Zeitpunkt bemerkt würde. Die Jungs, die neben dem Scanner stehen, achten nicht drauf, ob das Bild mit dem Passagier übereinstimmt.

Unsere Reiseleiterin heißt Ruth, stammt aus Stuttgart und lebt seit 31 Jahren auf Heimaey. Wie fast alle kam sie der Liebe wegen auf eine der größten Fischerei-Inseln Islands. Man könne hier als Familie gut leben, betont sie. Und dann erklärt sie uns gleich einen Sport, den es wirklich nur hier gibt: das Seilschwingen, ein Nationalsport und Vorübung zum Eiersammeln aus den Nestern der Lummen. Dazu klettern die Leute an einem langen, hoch oben gefestigten Seil in den Felsen und schwingen sich nach rechts und links. Dabei wird immer nur ein Ei dem Nest entnommen, um die Population zu schützen.

Papageientaucher

Früher wurden auch Papageientaucher als Delikatesse verspeist. Die knallbunten Vögel mit dickem Schnabel sind leicht zu fangen, weil sie schlechte Flieger sind; allerdings gute Taucher. Heute stehen sie unter Naturschutz. Im Sommer ziehen hier in den Felsen etwa zwei Millionen Papageientaucher ihre Jungen auf. Sie kommen meist Ende April und richten die Nester her. Fünf Jahre brauchen sie bis zur Geschlechtsreife, können dann 35 Jahre alt werden und leben meistens ein Leben lang monogam. Den Winter verbringen sie auf Grönland. Komischerweise verfliegen sie sich häufig und werden dann unter Autos gefunden oder mit der Taschenlampe zwischen Häusern und in Mauerspalten gesucht. Dafür gibt es eigens eine Tierklinik, in der sie gepflegt, aufgepäppelt und wieder in die Freiheit entlassen werden.

Vom Leben auf Heimaey

Es gibt alle Schulen bis zum Abitur, Theater und einen Golfplatz. In einer halben Stunde ist man mit der Fähre in Reykjavik. Sie fährt nicht im Winter, da dauert es mit dem Bus doch drei Stunden. Der Flieger nach Reykjavik sei allerdings teurer, als der Flug nach Deutschland. Die Kinder haben hier von Juni bis August drei Monate Schulferien. Es gibt etliche Fischfabriken, auch Fischmehlfabriken. Der meiste Fisch geht in den Export in die USA. Auch Fertiggerichte für alle Welt werden hier produziert. Ab Juni ist Saison für Hummerkrabben, das ist ein toller Ferienjob für junge Leute.

Wir halten am Golfplatz. Es gibt ihn seit 1928 und er gilt im Winter als der wärmste Platz Islands. Golf scheint auf Island etwas ganz Wichtiges zu sein. Es gibt tatsächlich 64 Golfplätze; die meisten rund um Reykjavik, aber auch sechs auf den Westfjorden, 17 rund um die ganze Insel an der Ringstraße und auch etliche an den Nordfjorden.

Am jeweils ersten Juli-Wochenende wird das gute Ende vom Vulkanausbruch 1973 gefeiert. Am letzten Juli-Wochenende steigt hier das größte Festival Islands mit rund 15.000 Menschen zur Erinnerung an die Einführung der Verfassung 1874. Der nächste Stopp ist ein alter verlassener Bauernhof mit zwei niedrigen Hauskörpern nebeneinander, die mit Grassoden bedeckt sind.

Die Isländer zahlen zwei Prozent Solidaritätszuschlag in einen Fonds für Naturkatastrophen. Mit denen muss praktisch immer gerechnet werden, weil diese beiden Erdplatten aus Europa und Amerika ausgerechnet hier immer zusammenrummsen, auseinander driften oder sich auftürmen: Das sei eben das spezielle Karma von Island.

Bis 1973 gab es auf der Insel noch Kühe. Heute sind es nur noch etwa 600 Schafe und 60 Pferde. Schaffleisch darf nicht verkauft, sondern nur für den eigenen Bedarf verarbeitet werden. Das Meerwasser hat hier kaum mehr als 10 Grad. Mit 23 Grad gab es vor fünf Jahren die höchste Lufttemperatur. Davon träumen die Isländer heute noch. Doch: Kaum weht eine Wolke vor die Sonne, muss man sich auch im Sommer eine Jacke anziehen. Wir Besucher haben alle eine Jacke an sowie Handschuhe und Schal in greifbarer Nähe.

Wir erreichen die sogenannte Piratenbucht. Angeblich wurden hier im 17. Jahrhundert 242 Insulaner geraubt und auf dem nordafrikanischen Markt als Sklaven verkauft. Über 80 konnten zurück gekauft werden. 26 hätten sich wieder angesiedelt. Schaurig. Und so etwas in Europa? Bis 1800 gab es eigene Wachen, die das Meer nach Piratenschiffen absuchten.

Das Vulkanmuseum Eldheimar

Im Vulkanmuseum hoch über dem Hafen und unweit der Lavawand tauchen wir dann vollends ein in die katastrophale Geschichte des Vulkanausbruchs. Als Anschauungsobjekt ließ man neben dem Eingang ein halb von Asche verschüttetes Haus stehen. Im Museum selbst gibt es eine Kiste mit Asche, an der man selbst resignieren darf, wie rieselfähig Asche

ist, wie sie in alle Ritzen kriecht und selbst mit einer Schaufel nur schwer wegzuschippen ist.

Von hier oben ist das Lavafeld „Kirkjubæjarhraun" gut auszumachen, das über Monate unaufhörlich auf den Hafen zufloss, 400 Häuser unter sich begrub und im letzten Moment gestoppt werden konnte. In der Mitte des Ausstellungsgebäudes steht eines dieser Häuser, die aus der Vulkanasche ausgegraben wurden. In verschiedenen Videoschauen wird die Katastrophe geräuschvoll nachgebildet. Man sieht und hört die Feuer, den Ascheregen, das Schmirgeln der kriechenden Lava, das Schreien der Menschen. Ein Audioguide auch in Deutsch hilft, das alles in der richtigen Reihenfolge authentisch zu begreifen, zu verstehen und auch ein bisschen Furcht zu entwickeln.

Es war am 23. Januar 1973 um 01.50 Uhr morgens, als die Katastrophe begann. Einige Anwohner wollten schon am Vorabend ein eigenartiges Grummeln gehört haben. Weil am Tag zuvor ein großer Sturm auf dem Wasser wütete, waren alle Schiffe im Hafen. Asche und Lava gingen zunächst nach Osten aufs Meer. Die Sirenen ertönten und die Menschen gingen geordnet mit dem Nötigsten zum Hafen und in die Boote. Der vulkanische Ursprung ihrer Insel vor über 5.000 Jahren war ihnen bewusst.

Am zweiten Tag holten die Männer die Haustiere, noch verfügbare Autos und weitere Habseligkeiten. Am dritten Tag wandten sich Asche und Lava Richtung Stadt und Hafen. Am 31. Januar ist die Stadt von einer vier Meter hohen Schlackenschicht bedeckt, die so schwer ist, dass die Hausdächer zusammen zu brechen drohen. Wir sehen Fotos, wo Männer die Asche von den Dächern schaufeln. Am 6. Februar installiert die Feuerwehr Wasserleitungen, um die Nordkante des Lavastroms abzukühlen, der Richtung Hafen läuft. Diese Versuche verbreiteten etwas Hoffnung. Es wurden noch kräftigere Pumpen besorgt und installiert.

Am 9. Februar ist Heimaey um 2,2 Quadratkilometer größer geworden. Doch der Horror endet noch lange nicht. 20. Februar: Eine Bergmasse von Millionen Tonnen, „Vagabund" genannt, spaltet sich vom Vulkan ab und gleitet auf dem Lavastrom 25 Meter pro Stunde in Richtung Hafen.

Am 1. März trifft das Feuerlöschboot „Sandey" ein, das 400 Liter Meerwasser in einer Sekunde auf die Lava schießen kann. 22. März: Die Lavaflut drängt bis zu 40 Meter pro Stunde nach West und Nordwest vor, überquert einen Wehrdamm und zerstört alle Häuser in diesem Gebiet. Als der Lavastrom gegen 5 Uhr morgens am folgenden Tag schließlich zu halten kommt, hat er 180 Meter zurück gelegt und 70 Häuser unter sich begraben. 25. März: Gegen 20.00 Uhr beginnt die 30 Meter hohe Lavawand zwischen Landagata und Urðavegur vorwärts zu drängen, wobei Glut und Feuer zum Vorschein kommen. 26. März: Gegen 1.00 Uhr dringt ein 200 Meter breiter, zähflüssiger Lavastrom mit einer Geschwindigkeit von 50 bis 100 Meter pro Stunde in Richtung der Landungsbrücke Nausthamar vor und erreicht die Heimagata. Die Lava ist 200 Meter weitergelaufen und hat 41 Häuser zerstört. Danach spaltet sich ein weiterer „Vagabund" vom Vulkan ab und drängt mit einer Geschwindigkeit von neun bis zehn Mater pro Stunde vor. Der Lavastrom droht die Hafeneinfahrt zu verschließen und kann ausschließlich durch intensive Wasserkühlung nur 210 Meter vor der gegenüberliegenden Felswand Ystiklettur zum Halten gebracht werden.

30. März: Es treffen noch kräftigere Pumpen aus den USA ein. 1. April: Das Lavafeld hat nun seine größte Ausdehnung erreicht. 3. Juli: Der Ausschuss für Zivilschutz erklärt, dass der Vulkanausbruch nach Schätzung von Sachverständigen beendet ist. Er dauerte fünf Monate und zehn Tage. Ungefähr 6,2 Millionen Ton-

nen Meerwasser wurden benötigt, um den Lavastrom zu stoppen. An diesem erfolgreichen Unterfangen waren bis zu 75 Personen Tag und Nacht beteiligt.

Von all den Menschen verlor nur ein einziger Mann sein Leben. Jedoch die meisten Vögel starben an den giftigen Gasen, die sich über die Insel verbreiteten. Die Aufräumarbeiten waren ein gigantisches Projekt. Allein für die Entfernung der Asche wurden täglich zwölf Lastwagen beladen.

Betroffen kehren wir zu Fuß zurück zum Hafen und zum Schiff. Das letzte Mittagsbuffet wollen wir uns doch nicht entgehen lassen. Weil das Wetter wirklich wunderschön sommerlich ist, machen wir uns wieder auf den Weg. Eine kleine Stabkirche nahe dem Hafen wurde wie durch ein Wunder von der Lava verschont. Unser nächstes Ziel ist ein Aquarium mit Riesenfischen in kleinen Wasserbassins, einer Steinesammlung und einem fast zahmen Papageientaucher, der auf einem Tisch sitzt und sich von einem Schuljungen sogar anstupsen lässt, damit er beim Hin- und Hertrippeln nicht vom Tisch fällt. Er werde gerade aufgepäppelt, erzählt uns. Bitte nicht anfassen!

Wir gehen weiter ins Volkskundemuseum. Dort sind Wandzeichnungen zu sehen, die den

Piratenüberfall darstellen; sehr grauslig. Zum Beispiel wie ein Pirat ein kleines Mädchen vergewaltigt und es dabei nach seiner Mamma weint. Brutal.

Der Abschiedsempfang

Zurück auf dem Schiff, müssen wir uns zum Abschiedsempfang wieder mal aufbretzeln. Man bat um elegante Kleidung, woran sich zwei Drittel wieder einmal nicht halten. Der Kapitän in Paradeuniform und die Crewmitglieder bekunden uns und sich selbst, dass es eine wundervolle Reise war. Es werden Sekt und Häppchen mit Lachstatar gereicht. Wir sitzen mit dem Berliner Paar aus Etzen-Gesäß zusammen und reden über unsere Kinder, vornehmlich über die ihren, mit denen sie zu seinem 60. Geburtstag eine Istanbul-Reise organisiert hatten. Wir erzählen von unseren spektakulären Geburtstagsfeiern und machen uns Gedanken über seine und unsere Hinterlassenschaft in Form von Dias und Büchern, die irgendwann einmal in der Mulde landen, weil sie nur für uns einen ideellen Wert darstellen. So ist es. Wir verabschieden uns, ohne Adressen auszutauschen, wenngleich er signalisiert hatte, unsere Homepage angesehen zu haben. Wir wissen nicht einmal ihren Namen. Man kann die Leute nicht zwingen. Schade, sie waren uns sehr sympathisch.

Zum Abendessen sitzen wir wieder bei den Schweizern und später mit ihnen noch auf eine zweite Flasche in der Club-Lounge. Die Gesprächsthemen plätschern. Als Frau „Bärli" mal eben draußen ist – wohl um eine zu rauchen – reden wir drinnen auch übers Rauchen, über ihre raue Stimme, die sie auf alles schiebt, nur nicht aufs Rauchen, über Übergewicht und Prostatakrebs. Richtig leckere Themen.

In der Kabine versuche ich, den geliehenen Island-Krimi „Haus ohne Spuren", zu Ende zu lesen. Ich nicke immer wieder dabei ein und hätte doch noch 50 Seiten vor mit. Dann entschließe ich mich, zu tun,was man nie tun sollte: Ich lese von Hinten nach Vorne um festzustellen, wer denn nun der Mörder war. Das Ende ist wirklich überraschend. Die Ocean Diamond pflügt derweil gemächlich und ruhig gen Reykjavik. Bernhard schläft.

10. Tag, 3. Juni 2017

Mein Geburtstag.

Aufwachen mit 69. Was für ein herrlicher Tag für Reykjavik. Sonnenschein. Nichts tut weh. Bernhard singt mir das Geburtstagslied. Rasch stellen wir unsere am Abend vorbereiteten Koffer vor die Tür. Ray wartet schon. Am Ende des Frühstücks serviert mir der portugiesische Restaurantchef mit drei Crewmitgliedern im Schlepptau einen süßen kleinen Muffin mit brennendem Kerzchen und sie singen mir auch noch das „Happy Birthday…" Schön. Danke Bernhard. Er hat, obwohl es durch die Abreise sehr knapp war, heimlich das Geburtstagsständchen bestellt. Während der Reise hatten noch mehr Passagiere Geburtstag. Für die gab es dann beim Abendessen richtige

Torten, zu denen Arndis und Orvar dann ihre Opernstimmen erklingen ließen. Ich bin ganz froh, dass diese Zeremonie bei mir etwas dezenter ausfällt.

Wir verlassen das Schiff. Am unteren Ende der Gangway stehen unsere Expeditionsguides: Hermann, Arndis, Orvar, Jens. Sie sind informiert und schmettern mir lautstark noch ein „Happy birthday", dass es niemand überhören kann. Dann werden wir alle nochmal herzhaft gedrückt. Das war's. Bernhard und ich schnappen unsere gelb markierten Köfferchen und streben dem Bus zu, der uns heute beim Ausflug begleiten wird.

Der Goldene Cirkel

Dieser Pauschal-Ausflug soll uns am letzten Tag zu noch ein paar beeindruckenden Sehenswürdigkeiten Islands bringen. Wir sind sehr gespannt, was Eva-Maria Björnson, unsere Reiseleiterin, und der Busfahrer Torbey zu bieten haben. Und los geht es aus dem Hafen ein Stück durch die Stadt. Wir kommen am staatlichen Gästehaus vorbei, in dem schon Gorbatschow, Reagan, Churchill und Marlene Dietrich übernachtet haben. Und dann erfahren wir noch, dass Reykjavik eine der saubersten Städte Europas ist, kaum Schornsteine hat, weil fast alles mit Erdwärme beheizt wird. Dass jedes Haus mit je einer Leitung für kaltes Wasser aus dem Gletscher und für heißes aus der Erde versorgt wird. Dass das Wasser praktisch keinen Kalk enthält und man deshalb keine Entkalkungsmittel für die Waschmaschine brauche. Das heiße Wasser hat jedoch einen relativ hohen Schwefelgehalt, weshalb man die Wasserhähne häufig ersetzen muss.

Reykjavik, auf Straßenschildern „Rkv" abgekürzt, besteht eigentlich aus sechs Städten, von denen aber niemand weiss, wo die eine anfängt und die andere aufhört. Also spricht man nur vom „Hauptstadtbereich", in dem drei Mann pro Quadratmeter wohnen. Rvk ist sehr grün. „Der größte Wald von Island" besteht jedoch aus größeren Büschen, die in Wirklichkeit Nadelbäume sind, die einfach viel längere Zeit zum Wachsen benötigen als in unseren Breiten. Leider sehen wir fast gar nichts von Reykjavik. Da müssen wir wohl einmal auf Stadtvisite wiederkommen.

Eines der ältesten Parlamente der Welt

Als erstes Ziel besuchen wir þingvellir, das Feld der Things. (þing spricht sich Thing) Thing-Versammlungen, die in der Art einer

Schweizer Landsgemeinde zusammen kommen, um über neue Gesetze abzustimmen, gibt es auf Island seit ungefähr 930. So wollte man

zu einer einheitlichen Regelung des Gemeinwesens gelangen. Die Isländer nannten dieses Zusammentreffen „Alþing" als gesetzgebende und rechtsprechende Versammlung. Natürlich war das damals ein Treffen der Männer, der freien Männer Islands. Das heutige Parlament ist ein direkter Nachfolger solcher Thing-Versammlungen.

Jener Ort der ersten Zusammenkünfte liegt etwa 30 Kilometer nordöstlich von Reykjavik im Nationalpark þingvellir und ist in Landkarten bestens markiert. Hier wurde zum Beispiel im Jahr 1000 die allgemeine Christianisierung beschlossen. Allerdings gab es damals noch keine Schrift. Der Sprecher musste neue Gesetze auswendig lernen und vortragen. Ein Galgenfelsen, die Verbrennungsschlucht und der Ertränkungspfahl existieren nur noch in den alten Sagas. Diesen, für Isländer mystischen Ort, erklärte die UNESCO zum Welterbe.

Die Erdplatten

Wir steigen hinab zur Almannagjágaschlucht (Allmännerschlucht). An dieser Stelle treffen die Amerikanische und Eurasische Kontinentalplatte an Land zusammen, prallen aufeinander, drücken sich Wülste hoch, driften auseinander und Magma verschließt die frischen Wunden wieder. Angeblich sind es durchschnittlich zwei

Zentimeter pro Jahr, die sich der Meeresboden spreizt. Hier steht man mit einem Bein in Europa und mit dem anderen in Amerika. Die kilometerlange Schlucht liegt wie eine klaffende Wunde vor uns. Für den Tourismus hat man einen ziemlich breiten Feinschotterweg planiert, um bequem, ja rollstuhlgerecht zwischen den Schluchtenwänden laufen zu können. Eine Holztreppe führt auf die rechte Lavawand und

hinunter zum namenlosen Fluss.
Um das weiße fünfteilige aneinander gereihte Gutshaus mit weißem Kirchlein – in vielen Reisebüchern abgebildet - stehen doppelt so hohe

Kiefern, eine Rarität auf Island. Es gibt verschiedene Wege, um zu unserem Bus zu gelangen, der auf einem Parkplatz am Fluss wartet.

Bei der Weiterfahrt sehen wir einen der aktivsten Vulkane: Hekla mit 1491 Meter Höhe. Sein Ausbruch ist seit sieben Jahren überfällig. Forscher fanden schon vor Jahren eine dicke Beule an seiner Flanke. Es rumpelt seit Jahren in ihm. In absehbarer Zeit werden wir über ihn in der Zeitung lesen müssen. Wir fahren entlang des Sees Laugarvatn. Dank seiner warmen Erdquellen kann man im Sommer echt gut baden. Und dann erreichen wir den Strokkur.

Enttäuschung hoch drei

„Wie viele Geysire gibt es wohl auf Island?" stelle ich die provokante Frage an jeden, der mich nach dieser Reise fragt und ich erhalte immer wieder Antworten wie: Hundert? Tausend? Ehrlich gesagt hatte ich mich auf wenigstens zwei Hand voll eingestellt und erfahre vor Ort: Es gibt auf diesem Geothermalfeld, auf dem es aus vielen kleinen Spalten und Töpfen blubbert und zischt, einen Geysir, den Strokkur. Ziemlich genau nach der Uhr schickt er alle sieben Minuten einen Stoß Wasser in die Luft. Als wir mit gezückter Kamera hier stehen, steigt die Wassersäule keine 20 Meter hoch, eher zwölf. Enttäuschung. Ja früher habe es einen Geysir daneben gegeben, der an die 70 Meter hochge-schossen sein soll und dessen Fotos noch heute in Bildbänden herumgeistern. Aber diese Quelle ist schon seit ein paar Jahren versiegt. Mit allen Tricks, unter anderem mit Schmierseife, habe man versucht, ihn zum Speien zu bringen. Aber er mag nicht mehr und schimmert heute nur noch als dampfendes blaues Riesenauge. Am 6.

November 2017 berichtete das Darmstädter Echo über den Tourismus auf Island mit einem DPA-Foto, das auf des ersten Blick scheinbar einen gewaltigen Geysir zeigte. Als Insider er-kannten wir sofort, dass es sich um einen ange-schnittenen Wasserfall handelte. Auch die Bildunterschrift gab nichts dazu her. So viel bei-läufig zum Thema Fake in den Medien.

Nach dem selbstorganisierten Mittagsessen in einem Ausflugslokal neben dem Strokkur, das sich die Strokkur-Nähe natürlich bezahlen lässt, fahren wir weiter zum letzten Ereignis: Einem der angeblich schönsten Wasserfälle Islands.

Der Gullfoss (Goldwasserfall)

Eine Hinweistafel: „Kein Wasserfall in Europa kann sich mit dem Gullfoss messen. In seiner Unbändigkeit und Raserei übertrifft er sogar die Niagarafälle in den USA. Ungezügelt strömen jedes Jahr tausende und abertausende Pferdestärken in die Schlucht".

Dass sich bei Abendröten die Gischt golden färbt, könnte ihm den Namen gegeben haben. Ein anderer Erklärungsvorschlag stammt aus dem Reisebuch eines gewissen Herrn Sveinn Pálsson. Er bezieht die Bezeichnung auf einen Bauern namens Gýgur, der seinen Goldschatz niemandem nach seinem Tode vererben wollte und ihn deshalb in den Wasserfall geworfen ha-

be. Ja, ja diese isländischen Geschichten immer.

Gespeist wird der Gullfoss vom Fluss Hvítá (Weißer Fluss), der vom Langjökull (Langgletscher) in zwei Kaskaden in die Schlucht stürzt. Ein geschäftstüchtiger Engländer habe 1907 versucht, das Land mit Fluss und Wasserfall dem Bauern Tómas Tómasson in Battholt abzukaufen, um ein Kraftwerk zu errichten. Der

lehnte jedoch ab mit der Begründung: „Ich verkaufe meinen Freund nicht".
Darauf mieteten Vertreter ausländischer Interessenten den Wasserfall. Die Tochter Sigriður Tómasdottir roch den Braten und versuchte, den Mietvertrag zu wiederrufen. Doch ihre Klage wurde vom Gericht abgelehnt. Erst spä-

ter fand man im Reisebuch des dänischen Königs Fredrik VII. aus dem Jahr 1907 folgende Eintragung: „Bald wird die Elektrizität aus einem Kraftwerk beim Gullfoss die Einwohner im Süden Islands reichlich mit Licht und Wärme versorgen." Aha. Ein abgekartetes Spiel, das jedoch nicht aufging.

Sigriðurs Einsatz für den naturgemäßen Erhalt des Wasserfalls wird noch heute als beispiellos bezeichnet. Sie gilt als erste Umweltkämpferin Islands. Der Bau des Kraftwerks verzögerte sich durch ihren Widerstand immer wieder. Im Jahr 1928 erlosch der Mietvertrag, weil die Mieter das Interesse verloren und die Miete nicht mehr zahlten. Später verkaufte Sigriður Land und Wasserfall für den berühmten Appel und Ei an den Staat, mit der Auflage, dass der Wasserfall so erhalten bleibe, wie er vor uns in die Tiefe donnert. Jedenfalls wurden der Gullfoss und seine nächste Umgebung im Jahr 1979 zu einem Naturschutzgebiet erklärt. Beweidung und Kunstdünger sind verboten. Es steht unter dem Schutz des isländischen Umweltministeriums. Bauvorhaben werde man auf ein Minimum reduzieren. Ein Hotel Gullfoss existiert jedoch in unmittelbarer Nähe.

Man erzählt sich dazu auch noch eine Liebesgeschichte: Den Fluss Hvita kann man oberhalb des Wasserfalls offensichtlich nicht zu

Fuß überqueren und es ist auch unwahrschein-lich, dass er zu Pferd durchquert werden kann. Dennoch existieren Aufschreibungen aus dem 17. Jahrhundert vom Sohn des Bauernpaares Brattholt, der im Sommer auf der Wiese an der Hvita Schafe hütete. Jenseits des Flusses habe er sich in ein Mädchen verliebt, das ebenfalls Schafe hütete. Als ihre Sehnsucht nicht mehr zu bremsen war, gelang es dem jungen Mann tatsächlich, den Fluss zu über-winden. Es heißt, sie hätten geheiratet und viele Kinder bekommen. Nicht auszuschließen, dass jener Junge ein Ahn von Tómas Tómas-son war. Diese romantische Mutmaßung stammt aber von uns und ist nicht belegt.

Wir fahren die gleiche Route zurück nach Rey-kjavik. Wie zum Trotz spuckt der Strukkur, als wir an ihm vorbei kommen, eine besonders hohe Fontäne aus, sicher 30 Meter. Vergebene Liebesmüh. Wir sitzen im Bus und fahren vor-bei. Es eröffnet sich noch ein Blick auf die langen Reihen Gewächshäuser, über die sich Reykjavik mit Gemüse, Salat und Obst ver-sorgt. Islandpferde toben auf einer Weide. Nein, das sind keine Ponys, lernen wir. Schon die Wikinger brachten ihre zähesten Pferde mit. Ja, sie sind kleiner, aber keine Ponys. Um diese Ur-Rasse genetisch rein zu halten, dürfen kein Pferde nach Island gebracht werden.

Bei einem Pinkelstop an einer Tankstelle versorgen wir uns noch einmal mit Kaffee und Biskuits unter einem unkaputtbaren Schokoguss. Das bringt uns auf die Idee, Eva-Maria nach der Abwasserentsorgung von Island zu fragen. Man habe eine große Kläranlage und die schicke das Abwasser von Reykjavik in einer zehn Kilometer langen Leitung direkt ins Meer. Lecker! Die Bauern hätten alle eine Sickergrube.

Sonstige Fakts von Eva-Maria, die als Physiotherapeutin nach Island kam und nun ihr berufliches Leben, wie alle anderen, mit mehreren Jobs fristet, will ich hier notieren. Sie entsprechen keinen offiziellen Zahlen, sondern ihrer Interpretation. Zum Beispiel: Nach der Finanzkrise habe es eine Arbeitslosigkeit von zwölf Prozent gegeben. Viele Unternehmen wie die Baubranche, Makler und Reisebüros gingen pleite. Die Isländer mussten jedoch die Bankenschulden nicht abtragen, wie wir in Deutschland. Trotzdem sei danach alles extrem teuer geworden, wobei die Gehälter nicht im gleichen Anteil gestiegen seien. Heute lebten sieben Prozent der Isländer unter der Armutsgrenze.

Der Mindestlohn liege bei etwa zehn Euro pro Stunde, der Durchschnittsverdienst bei umgerechnet 3.000 Euro pro Monat. Eine 3-Zimmer-Wohnung schlage warm mit 1.500 bis 2.000 Euro zu Buche. Deshalb übernachten viele Leute in ihrem Auto. Außerdem könne hier ein Vermieter zu jeder Zeit die Wohnung kündigen, ohne Einhaltung von Fristen. Der Steuersatz in Island variiere zwischen 36 und 47 Prozent; darin ist allerdings die Krankenkasse enthalten. Die Durchschnittsrente betrage 3.000 Euro pro Monat, die Mindestrente liege bei 1.600 bis 1.700 Euro. Daraufhin wird Eva-Maria sehr einsilbig, als sei sie selbst betroffen von dem, was sie uns erzählt. Sie kündigt nur noch an, uns zum Hotel bringen zu wollen.

Wir erreichen Reykjavik auf einer sechsspurigen Straße, ein beleuchteter Highway mit Großstadtflair. Radwege gibt es, Bushaltestellen und viele, viele Starenkästen. Wir sind in verschiedenen Hotels untergebracht. Ich erinnere mich, dass man bei Buchung unter verschiedenen Kategorien wählen konnte. Wir sind im Hotel Skugi in der Hverfisgata 103. Doch der Bus darf uns nicht vor die Haustüre bringen. Für solche Transfers sind in Reykjavik spezielle Busstops eingerichtet. Der Fußweg ist jedoch nicht weit; fünf oder sechs Minuten. Und unsere Koffer - etwa zehn Leute - sind alle auf Rollen.

Hotel Skugi

Das Haus gehört zur Gruppe Keahotels, die insgesamt acht Hotels auf Island managed. Die Ausstattung ist skandinavisch modern, minimalistisch, aber alles da, was man braucht. Wir finden sogar einen deutschen Sender im TV, aber wegen der Zeitverschiebung gibt es gerade keine Nachrichten.

Unser letzter Abend in Reykjavik

Auf der Suche nach einem leckeren Abendessen schlendern wir durch die Fußgängerzone. Einmal rauf und einmal runter. Gleich am Beginn war uns ein nepalesisches Restaurant ins Auge gefallen. Merken! Einige unserer Mitreisenden begegnen uns. Vor allem der Berliner, der an den Bodensee gezogen ist, schimpft: 50

137

Euro für eine Suppe. Unverschämt. Wir zucken die Schulter. Dass Reykjavik nicht billig ist, war uns bewusst. Aber wir sahen schon etliche Angebote für Essen unter 3.000 ISK, als 30 Euro. Wir schlendern weiter, sicher mehr als einen Kilometer lang, bis wir uns doch für den Nepalesen entscheiden und zurück gehen. „Sorry we are closed" lesen wir nun an der Eingangstür. Also watscheln wir erneut die Fußgängerzone zurück und landen bei einem Italiener. Das Angebot sieht ganz gut aus: Fish of the day ist Lachs für 24,50 Euro. Da sind Gemüse, Salat und Kartoffeln eingeschlossen. Mit zwei Fläschchen Merlot zahlen wir für uns beide 70 Euro. Und haben gut gegessen.

Zurück ins Hotel läuft irgendein historischer Krimi in der ARD. Wir gehen auf BBC und holen uns die neusten Nachrichten: Italiens Premierminister war bei Maceron. Anschlag in Kabul. In Großbritannien brodelt es kurz vor der Neuwahl des Parlaments um Theresa May. In Deutschland streben ein paar Konservative der CDU nach einem Umdenken in Sachen Klimakonferenz. In Hessen hat es heute gestürmt. Etliche Flüge von und nach Frankfurt seien ausgefallen. Auf meinem Handy erscheinen Geburtstags-SMSen von Bernhards Tochter Claudia und Freundin Jutta. Wir trinken noch ein Glas Cabernet Sauvignon in der Hotel Lounge. Die Nacht wird kurz. Wir müssen um 3.30 Uhr aufstehen und um 4.00 Uhr am Bus-Terminal stehen.

11. Tag, 4. Juni 2017

Abreise

Das inkludierte Frühstück ist erwartungsgemäß nur ein Etwas mit Kaffee: Eine Platte Mini-Croissants, die sicher nicht für alle reichen werden. Aber was soll's. Wir werden so früh auf dem Flughafen sein, dass wir noch richtig frühstücken können.

Und dann kommt noch ein hübsches Intermezzo zum Abschied: Über der Bushaltestelle ertönt aus dem dritten Stock ein Banjo und ein paar junge Leute spielen uns ein paar Liedchen. Auch ein paar Nachbarn öffnen das Fenster und singen einfach mit. Sie fordern uns sogar auf, Wünsche zu äußern, aber es fällt uns nichts ein, so baff sind wir über diese Freundlichkeit. Und so singen sie weiter auf Isländisch bis der Bus um 4.15 Uhr eintrifft.

43 Kilometer sind es zum Flughafen Kevaflik. Wir passieren den Dom und das Parlament an einem Stadtsee, wo noch Tulpen und Mimosen blühen. Ist halt doch alles ein bisschen später als in Deutschland. Dann holen wir noch ein paar andere Frühaufsteher ab, deren Gesichter wir vom Schiff kennen. Auf der Straße sind noch etliche Nachtschwärmer mit Bierbechern in der Hand. Man kann es nicht „Morgengrauen" nennen, denn es war vermutlich die ganze Nacht nicht dunkler in Reykjavik. Der Bus kurvt durch enge Straßen in der Altstadt. Hier ein 24-Stunden-Laden, da ein Imbiss mit Freiluftplätzen, ein Taxistand mit jungen Leuten, die diszipliniert in Reihe warten. Reykjavik kommt auch nachts nicht zur Ruhe, wenngleich Vergleiche mit New York hinken. Hier ist es natürlich wesentlich ruhiger.

Am Flughafen

Das Einchecken auf dem Flughafen geschieht ohne Stress. Unsere Plätze waren ja bereits vorgebucht. Das hat wirklich gut geklappt, auch schon auf dem Hinflug und so wünscht man sich das von einer Pauschalreise, was trotzdem nicht immer selbstverständlich ist. Ich denke nur an unsere Patagonien-Reise im vergangenen Jahr. Nun können wir noch 1.290 Isländische Kronen (ISK) auf den Kopf hauen. Wir wählen ein üppig mit Gravad Lachs belegtes Brot und eine Flasche Wasser; den Rest von 990 ISK zahlen wir per GiroCard; kein Problem in einem Land, in dem man ein Päckchen Papiertaschentücher per Karte bezahlen kann.

Unser Gate wird ab 6.35 Uhr angekündigt. Es erscheint pünktlich an der Schedule-Tafel: C 25. Einstieg um 6.40 Uhr. Auf dem Weg dorthin treffen wir noch einmal Herrn Bruno und Frau Bärli und wünschen guten Flug nach Zürich. Wir landen in der 13. Reihe und versinken sofort in tiefen Schlaf. Als wir nach einer Stunde erwachen, stehen wir noch immer auf dem Rollfeld und vor uns fünf Maschinen in Reihe. Wir sitzen in einer Boeing 757-200 für 183 Passagiere, also etwas kleiner als die 757-300 vom Hinflug. Es ist immerhin Sonntag. Pfingstsonntag. Wenige Minute nach dem Start reißt der Himmel auf. Unter uns die Südküste Islands und eine Hand voll Rocks, die das Erdinnere hochgespuckt hat. Gleißende Sonne. Der Horizont zieht als sanfter Bogen vor dem

Fenster seine Kontur.

Und noch ein Schmankerl: Unsere traditionelle Weihnachtsgeschichte spielte 2017 natürlich auf Island.

Wenn die wilden Kerle kommen, 13 Weihnachtstrolle auf Island

Auf Island unweit des nördlichen Polarkreises sind die eisigen Winter sehr, sehr lang. Ein ideales Gebiet für Trolle; aber sie scheuen das Tageslicht. Nach einem alten Fluch verwandelt der dünnste Sonnenstrahl die Trolle zu Stein. So entstanden die Westfjorde. Die 3.000 Inselchen in der Bucht Breiðafjörður sind nichts anderes als versteinerte Trollfrauen, die vor langer, langer Zeit versuchten, die Berge abzutragen. Wie besessen gruben sie und wirbelten bis zum Morgengrauen. Als die Sonne über den Horizont blitzte, erstarrten alle zu Stein. Soweit die Vorgeschichte.

Auch die alte Trollfrau Grýla achtet streng darauf, dass ihre unternehmungslustigen Söhne nur bei völliger Finsternis frische Luft schnuppern dürfen. Naturgemäß geht das nur im Winter. Jedes Jahr vor Weihnachten, wenn die Nächte stockdunkel sind, lässt sie sich von ihnen erweichen. Ab dem 12. Dezember darf täglich einer hinab ins Tal. Die Isländischen Kinder wissen das, auch dass diese Weihnachtstrolle allerlei Schabernack treiben: Kerzen klauen, Würste anbeißen, Kartoffeln in Stiefel stopfen oder in die Fenster glotzen. Angeblich tun sie das nur bei Kindern, die nicht artig waren. Auf den Fenstersimsen ausgelegte Plätzchen und Käsestückchen sollen sie milde stimmen. Manchmal funktioniert's.

Doch an diesem 11. Dezember steht plötzlich eine wunderschöne Fee mit goldenem Haar vor Grýlas Höhle. Unwirsch zitiert sie die 13 Söhne herbei. „Ihr seid rotzfrech und ärgert die Leute. Das muss sich ändern. Wenn ihr euch dieses Jahr anständig benehmt, nicht klaut, keine Angst und Schrecken verbreitet, erlöse ich euch vom Stein-Fluch". Sprach's und verschwand.

Die verdutzten Trollsöhne überlegen. Nie wieder frech sein? Aber die Aussicht, künftig bei jeder Tages- und Nachtzeit die Höhle verlassen zu können, lässt ihre Fantasie sprießen. Am 12. Dezember steigt der Schafschreck Stekkjarstaur zu Tal. Als er an der Schafkoppel vorbei kommt, will er wie immer die Schafe in den Popo kneifen. Aber dann holt er tief Luft und streichelt ihnen nur übers Fell. Am 13. macht sich der Schluchtentölpel Giljagaur auf ins Dorf. Vor den Türen stehen leere Kinderstiefel. Was kann er Gutes tun? Er hat nichts dabei außer einem großen Schnupftuch. Damit wie-

143

nert er die Kinderstiefel, bis sie wie neu glän-
zen.

Am nächsten Tag klettert der Knirps Stúfur
eine Dachrinne hinauf, um wie gewohnt Gespenst zu spielen. Aber dann sieht er Kinder
im Pyjama vor dem Fernseher. Statt sie wie
früher mit lautem „ho ho ho" zu erschrecken,
summte er ein Lied aus seinen Kindertagen.
Die Kinder stürmen freudig ans Fenster und
glauben, das Christkind hätte ihnen zugerufen.

Am 15. Dezember macht sich der Löffellecker
Þvörusleikir auf den Weg. Er folgt dem Duft einer leckeren Fleischsuppe. Es kostet ihn große
Überwindung, den Topf nicht zu leeren, dann
legt er aber nur den Deckel drauf, damit der
Hofhund nicht drankommt. Am 16. über-
kommt den Topflecker Pottasleikir Heißhunger
vor einem Topf voller Speckknödel. Aber dann
stopft er sich sein Schneuztuch in den Mund
und hält sich die Nase zu. Geschafft. Den
Schüssellecker Askasleikir haben seine Brüder
vorgewarnt. Gegen den Appetit hat er sich ein
Stück Brot und ein Sträußchen Petersilie eingesteckt. Vor einem frischen Lauchkuchen laufen
ihm die Tränen übers Gesicht. Nein. Artig legt
er sein Petersiliensträußchen daneben und läuft
nach Hause. Der ungestüme Türtreter Hurðas-
kellir poltert am 18. Dezember ins Tal und
stoppt mit Mühe vor der ersten Tür. Nicht tre-

144

ten, warnt seine innere Stimme. Irgendwie muss er sich austoben. In seiner Not schnappt er sich einen Schneeschieber und schippt den ganzen Hof vom frischen Schnee frei.

Am nächsten Abend hat Grýla dem immer durstigen Skyrschlund Skyrgámur extra eine Kanne Tee mitgegeben, damit er die Weinflaschen stehen lässt. Aber die Lust übermannt ihn. Mit dem Finger reibt er sich ein paar Tropfen aus einer Schnapsflasche unter die Nase. Lecker! Aber er hält durch.

Den Rauchwurststibitzer Bjúgnakrækir beschwört Grýla, am 20. nichts zu stehlen, nur zu schauen. Fast ohnmächtig von dem Duft schleicht er ums Rauchhaus. Letztes Jahr hat er alle Wurstzipfel abgebissen. Heute leckt er nur an einer einzigen Wurst. Aus schlechtem Gewissen hackt er das ganze Holz vor dem Anwesen.

Am 21. wird der Fenstergaffer Gluggagægir dringend ermahnt, nicht in die Fenster zu glotzen und die Kinder mit Grimassen zu erschrecken. Auf den Fensterbänken liegen Zimtsterne. Vorsichtig mit zwei Fingern schiebt er sie sich schmatzend in den Mund. Im Haus weint ein Kind nach seiner Mama. Nur weg, bevor die Fee das hört.

Wie wird es dem Türschlitzschnüffler Gáttaþefur ergehen? Der Trollbub läuft am 22. Dezember gleich in den Wald. Er will gar nicht erst in Versuchung geraten, die Leute im Dorf mit seinem Schnauben vor der Türe zu erschrecken.

Keulenklauer Ketkrókur sieht am 23. herrliche Schinken über sich baumeln, reißt sich aber zusammen und knabbert missmutig ein Stückchen Käse vom Fensterbrett. Und dann pinkelte er noch „Frohe Weihnacht" in den Schnee. Endlich am 24. Dezember wird der Kerzenschnorrer Kertasnikir losgelassen. Jedes Jahr plündert er die Weihnachtsgestecke und manch frisch geschmückten Christbaum. In diesem Jahr aber macht er es ganz anders. Er hat aus der Haarbürste seiner Mutter alle silbergrauen Haare gezogen und drapierte sie nun wie Lametta auf den Büschen vor der Kirche. Die Kerzen bleiben an Ort und Stelle. Geschafft.

Aufgeregt warten die Troll-Buben am nächsten Tag auf die Fee. Aber die kommt nicht. Ob der Zauber gewirkt hat? Als es hell wird, schicken sie Bjúgnakrækir vor. Vorwitzig steckt er seinen Kopf ins Licht und spürt plötzlich etwas Hartes in seinem Mund. Auf seiner Zunge befinden sich lauter kleine Steinchen. Ansonsten bleibt er lebendig. Auch Skyrgámur wundert sich über Dreck unter seiner Nase. Aber der lässt sich abputzen. Grýla freut sich für ihre Jungs, verharrt aber im Dunklen. Noch weiß sie nicht, dass der Fluch durch die heldenhaften Taten ihrer Söhne nun für alle Trolle gelöscht ist. Daher ist es nicht auszuschließen, dass sich einige unter uns befinden.

Eine isländische „Weisheit" lautet, dass sich eine gute Geschichte nicht von der Wahrheit stören lassen sollte.

Wir reisten mit Iceland Pro Cruises, Hamburg und Wetzikon.

Literatur

Baedeker Island, Auflage 2017
Dumont Bildatlas Island, Auflage 2016
Liebe Isländer, Huldar Breiðfjörð, Aufbau-Verlag.
Haus ohne Spuren, Viktor Arnar Ingósson, nur noch antiquarisch
Nacht über Reykjavik, Arnaldur Indriðason, Bastei-Lübbe

Weitere Bücher von den Autoren

Norderney – kein Fall von Toter Hose

Wenn die Weihnachtsurlauber abreisen, beginnt für die Gäste eine reizvolle Zeit ohne Fremdbespaßung. Einsam ist es trotzdem nicht, bei rund 5.000 Urlaubern, Reha-Kliniken eingerechnet. In den Restaurants,

wo sich auch die Norderneyer treffen, gibt es genug Platz. Vier Fünftel der vier Kilometer langen Insel sind Dünen mit Rad- und Wanderwegen. Mittendrin liegt die „Weiße Düne". Das gemütliche Restaurant mit Bullerofen und Wolldecken in den Freiluft-Strandkörben bietet rustikale Speisen.

Fast luxuriöse Kur- und Badeeinrichtungen versprechen Spaß und Entspannung. Im Conversationshaus am Kurpark gibt es Konzerte, Lesungen, eine Bibliothek, Spiele und ein Internetcafé. Das pompöse Kurtheater im Tudor-Stil dient auch als Kino. Etliche Museen haben geöffnet. Der autofreie Ort selbst lädt ein zum Flanieren.

ISBN: 978-3-7392-4299-6, 7,99 € E-Book 4,99 €

Azoren – wundersame Welt im Atlantik

Der Archipel der neun Vulkan-Inseln ragt aus den Tiefen des Atlantiks. Dieses Paradies begeistert Wanderer und Entdecker mit unzähligen blauen und grünen Kraterseen in bewaldeten Schluchten, heißsprudelnden Quellen und geselligen Thermalbädern.

Die Hauptinsel São Miguel betörte uns mit Teeplantagen, kleinen Häfen, Dörfern und üppigen Hortensien-Girlanden längs der Autostraßen. Wir bestaunten botanische Dinosaurier der Gentlemen Gardens in Ponta Delgada und verließen jedes Restaurant mit dem Gefühl von guter, ehrlicher Küche.

Auf der Insel Pico mit seinen Weltkulturerbe-Weingärten, reifen die Reben in Lavakränzen zu besonderem Wein. Wir erklommen den Pico, mit 2.351 Metern der höchste Berg Portugals. In Horta auf der Insel Faial, dem Sehnsuchtshafen der Atlantiksegler, sogen wir am Atem des Mittelalters und der Zeit der ersten Atlantik-Telefonkabel.

ISBN: 978-3-7412-8040-5, 11,99 €, E-Book 4,99 €

Patagonien – ein aufregendes Ende der Welt

Patagonien ist riesig. Von Norden bis Süden eine Distanz wie Paris und Teheran. Das fährt man nicht einfach so ab. Da muss man die Höhepunkte kennen und wie man am besten von A nach B kommt; sonst ist man Jahre unterwegs in unendlicher unbewohnter Pampa, durch Wüsten, über Gebirge und Gletscher.

Dieses Buch beschreibt die Reise einer zwölfköpfigen Gruppe, die mit dem deutschen Veranstalter SKR (Mängel beschrieben!!) und deutscher Reiseleiterin vierzehn Tage unterwegs war, mit Flugzeug, Omnibus und Schiff. Sie erlebten Ushuaia, die südlichste Stadt der Welt am Beagle-Kanal, den argentinischen Nationalpark Terra del Fuego (Feuerland), ein Biber-Reservat, El Calafate und den Perito Moreno-Gletscher, Puerto Natales und den chilenischen

Nationalpark Torres del Paine mit dem Gray-Gletscher und seinen grandiosen turmartigen Granitbergen, ein Asado-Festmahl auf einer Estancia, die Hafenstadt Punta Arenas und eine riesige Pinguinkolonie mitten in der Magellanstraße.

Beeindruckend war Buenos Aires als zweitägige Reiseunterbrechung auf der Hinreise mit Stadtführungen zu den wichtigsten Sehenswürdigkeiten. Die Heimreise stückelten wir mit Stippvisiten in der chilenischen Hauptstadt Santiago, dem Weinanbaugebiet Casablanca und Valparaiso, die berühmte Hafenstadt der mit Malereien verzierten Fassaden; alles Sehnsuchtsorte des Dichters Pablo Neruda, von dem wir zwei seiner künstlerischen Anwesen besuchten.

Am Ende dieser Reise begreift man, dass Patagonien nicht einfach eine Region ist, sondern die Summe menschlicher Schicksale von Indianern, Abenteurern, Forschern, Entdeckern, Hazardeuren und Lebenskünstlern auch aus Europa, aus Deutschland.
Mit diesen Reisebeschreibungen kann sich jeder seine Tour selbst zusammenstellen und uns einfach hinterher reisen. Vor allem weiß man dann, wo die Tops sind und welche Flops man besser vermeidet.

ISBN 978-3-7431-8152-6, 11,99 €; E-Book 5,49 €

Rom – mit einer Kunsthistorikerin

Rom ist keine Stadt zum Ablaufen, Gucken, Pizza essen und gut. Unser Guide Eva wählte gut aus, damit wir nicht von touristischer Masse überfüttert wurden und uns  trotzdem auf einer geschichtlichen Zeitachse orientieren konnten. Fasziniert verfolgten wir die Rivalität der Barockbaumeister Bernini und Borromini. Mit Brunnen, Palazzi, Skulpturen und Kirchenbauten schaukelten sie sich im abgrundtiefen Hass gestalterisch gegenseitig hoch und schufen im Auftrag der

Päpste Meisterwerke für die Ewigkeit. Bald lechzten wir nach Bildern von Caravaggio, dem wilden cholerischen Maler, der seinen Heiligen schmutzige Füße und das Antlitz seiner nicht gesellschaftsfähigen Geliebten Lena verlieh. Eva weihte uns in die Skandale der Barockzeit ein, dass wir uns wie Schlüsselloch-Gucker fühlten. Wir besuchten die Kulissen der Antike und berühmter Filme wie Ben Hur, La Strada und cineastischen Bilder von Roberto Rosselini, Federico Fellini, Vittorio De Sica und Luchino Visconti. Beeindruckende Paläste und Kirchen, berühmte Straßen und Plätze brachten unsere Herzen in Aufruhr und ließen uns den Atem stocken. Fast argwöhnisch beobachtete uns Eva beim fleißigen Mitschreiben, weil sie wohl ahnte, dass wir viel notierten, was sie zwischen den Zeilen, manchmal auch trotzig zwischen den Zähnen loswerden wollte und was in keinem üblichen Reiseführer nachzulesen ist.

ISBN:978-3-7448-5660-7,12,90 € E-Book4,99 €